DAS WIEN BUCH

Wien ist eine geschichtsträchtige Stadt. Auf ihrem Boden haben schon die Römer gesiedelt, später regierten von hier aus mächtige Kaiser viele Jahrhunderte lang ein riesiges Reich. Ihre Dichter und Denker, Musiker und Maler eroberten die Welt mit bahnbrechenden Ideen und Werken. Wiens Lage an einer Kreuzung der Verkehrswege zwischen Ostsee und Mittelmeer, Ungarn und Südfrankreich ließ die Stadt schon früh zu einem wichtigen Knotenpunkt für den Warenhandel und kulturellen Austausch werden. In der Folge konnte sie als Reichs- und Residenzstadt der über sechs Jahrhunderte währenden Habsburgermonarchie ihren Glanz gegen alle Widrigkeiten wie Türkenbelagerungen, Napoleonische Kriege und Naziherrschaft bewahren. Nach 1918 und verstärkt nach 1945 glich sie lange Zeit einer mürrischen, mit altmodischen Kronjuwelen behangenen Rentnerin. Aber schon in den 1970er-

Jahren durchlebte sie eine wundersame Verjüngungskur. Damals siedelte sich die UNO in Wien an, die U-Bahn ging in Betrieb, eine quirlige Alternativkultur samt bunter Bar- und Beislszene erwachte. Die Donau erhielt ein zweites Bett und die Stadt mit der Donauinsel ein mehr als 20 Kilometer langes Erholungsgebiet. Parallel wurden ganze Stadtteile renoviert und vor allem die City zu einem Schmuckkästchen herausgeputzt. Heute, gut zwanzig Jahre nach dem Fall des Eisernen Vorhangs, bildet Wien ein pulsierendes Zentrum Mitteleuropas, in dem imperiale Pracht, biedermeierliche Idylle und der dynamische Gegenwartsrhythmus fröhliche Hochzeit feiern – die Stadt wächst und gedeiht, ist mode- und traditionsbewusst zugleich sowie, was etwa Luft, Wasser und Grün, öffentlichen Verkehr und Sicherheit betrifft, von kaum zu überbietender Lebensqualität: Willkommen in Wien!

Das ist die klassische Ansicht der Wiener Innenstadt: ihr Wahrzeichen, der gotische Stephanscom mit seinem steilen Satteldach, dem knapp 137 Meter hohen Südturm und den beiden an cer Westfassade im romanischen Stil erhaltenen Heidentürmen. Im Vordergrund: die grünspanige Barockkuppel der Peterskirche.

INHALTSVERZEICHNIS

Oben: Karlskirche mit Teich und Henry-Moore-Plastik

Bilder auf den vorherigen Seiten:
S. 1 Eine Alternative zum Stadtspaziergang ist eine stimmungsvolle Fiakerfahrt
S. 2/3 Der Michaelertrakt der Hofburg
S. 4/5 Blick von der Tuchlauben in den Kohlmarkt
S. 6/7 Im Prunksaal der Nationalbibliothek
S. 8/9 Donaukanal mit neuer Schiffsanlegestelle

INHALTSVERZEICHNIS

1. BEZIRK: STEPHANSDOM UND ÖSTLICHE ALTSTADT

Der Stephansdom beherrscht dank eines auf Traditionen bedachten Bebauungsplans bis heute die Silhouette der City. Ihm zu Füßen wogt, von störendem Autoverkehr weitgehend befreit, das pralle Großstadtleben. In östlicher Richtung zeigt sich Alt-Wien von seiner mittelalterlichen, verwinkelten Seite. Enge Gassen und Höfe mit originellen Läden und angesagten Esslokalen laden zum Flanieren. Ein Stück dahinter, an Ringstraße und Donaukanal, weitet sich der Blick. Touristische Höhepunkte in diesem Teil der Stadt sind neben dem »Steffl« der Stadtpark, Mozarthaus, MAK und Musikverein.

Gastronomisches, gewürzt mit grandioser Aussicht: Blick vom Restaurant im obersten Geschoss des Haas-Hauses hinab auf den Stephans- beziehungsweise Stock-im-Eisen-Platz. Wo sich heute Graben, Kärntner- und Singerstraße treffen, befand sich jahrhundertelang ein Friedhof.

Der Platz vor dem Stephansdom markiert gemeinsam mit dem südlich daran angrenzenden Stock-im-Eisen-Platz, in den er nahtlos übergeht, den geografischen Nabel der Stadt Wien. In den 1970er-Jahren durch zwei U-Bahn-Linien unterminiert und zu einer Fußgängerzone erklärt, bildet er heute die zentrale Zone eines ausgedehnten Flanier- und Shoppingreviers. Der Baubestand des weiten Gevierts ist, nicht nur wegen des Doms selbst, sehr sehenswert: Domherrenhof, Churhaus, Erzbischöfliches Palais ... Besonders spannend, aber auch umstritten ist das Haas-Haus, jener postmoderne Bau, in dessen gläsernem Runderker sich die gotischen Strukturen des »Steffl« kameragerecht reflektieren. Sein Architekt, Hans Hollein, wurde anfangs von vielen Traditionalisten arg bekrittelt. Inzwischen hat die Zeit das Urteil gelindert, sind viele Einheimische stolz auf ihre Modernität.

Konzipiert war das Haas-Haus als klassische Shoppingmall amerikanischen Zuschnitts. Doch mangelnde Besucherfrequenz führte dazu, dass der im Jahr 1990 eröffnete Bau heute fast zur Gänze von einem spanischen Modekonzern in Beschlag genommen ist. Vom Nobelrestaurant im obersten Stock wie auch vom dazugehörigen Kaffeehaus eine Etage tiefer sieht man den Stephansdom zum Greifen nah vor sich.

Der Stephansdom, Wiens wichtigstes Gotteshaus und das weithin sichtbare Wahrzeichen der Stadt, wird von den Einheimischen liebevoll »Steffl« genannt: ein Wunderwerk der Steinmetzkunst aus 20 000 Kubikmetern Sandstein mit einer gut 750 Jahre zurückreichenden Geschichte. Seine Westfassade stammt noch vom romanischen Vorgängerbau, der Rest ist hochgotisch. Heraus ragt im buchstäblichen Sinn der Südturm, mit 136,7 Metern der dritthöchste Kirchturm Europas. Von seiner über 343 Stufen erreichbaren Türmerstube genießt man ein Stadtpanorama, dessen Pracht schon Adalbert Stifter zu Elogen inspirierte. Das weihevoll-düstere Kircheninnere ist gespickt mit kostbaren Kunstschätzen. Zuvorderst zu nennen: das marmorne Hochgrab Kaiser Friedrichs III., der Wiener Neustädter Altar, die sogenannte Dienstbotenmadonna sowie Domkanzel und Orgelfuß.

Als »Predigt in Stein« wird der Stephansdom auch gern bezeichnet. Unten ein Blick auf den von Tobias und Johann Jakob Pock gestalteten Hochaltar (Bildmitte). Oben links das mit rund 230 000 Dachziegeln bedeckte Dach des »Steffl«, oben rechts die berühmte »Pummerin« – ein mehr als 21 Tonnen schweres Prachtstück von einer Glocke. Im Nordturm hängend, erklingt sie stets zu Silvester um Mitternacht.

KÄRNTNER STRASSE

Die vom Stephansplatz in Richtung Ring und weiter bis zum Karlsplatz führende Straße ist nicht zufällig nach Österreichs südlichstem Bundesland benannt. Sie markierte schon im Mittelalter den Beginn jenes wichtigen Transportwegs, auf dem Waren von der Donaustadt über den Semmering bis Triest und Venedig befördert wurden. Heute ist die Straße Fußgängerzone und ein zentrales Shoppingrevier. Mehrere renommierte einheimische Firmen unterhalten hier ihre Verkaufslokale, darunter die Österreichischen Werkstätten, die Trachten-Maßschneiderei Lanz, an der Ecke vis-à-vis dem Steffl, dem sogenannten Stock-im-Eisen-Platz, die Porzellanmanufaktur Augarten und der Kristallluster- und Gläserproduzent Lobmeyr, dessen Geschäft auch ein sehr sehenswertes Museum beherbergt, in dem die bald schon 200 Jahre alte Firmengeschichte dokumentiert wird.

Infolge der Bombardements in den Jahren 1944 und 1945 ist die Kärntner Straße teilweise von nüchterner Nachkriegsarchitektur gesäumt. Dessen ungeachtet findet der aufmerksame Flaneur hier aber auch noch etliche Dekorjuwele, die eine nähere Betrachtung lohnen. Dazu gehören zum Beispiel diese im »heroischen Realismus« gestalteten Mosaiken oder manch neoklassizistische Erker und Simse.

DOMGASSE, MOZARTHAUS

Im Herzen jenes malerischen, in den 1970er- und 80er-Jahren flächendeckend mit großem Aufwand generalsanierten Gassengeflechts, das sich östlich des Stephansdoms zwischen Schuler- und Singerstraße erstreckt, stoßen Musikliebhaber auf eine ganz besondere Pilgerstätte: Wo die Blut- in die Domgasse mündet, steht das sogenannte Camesina-Haus. Glaubt man den Biografen des genialen Komponisten, so verlebte Wolfgang Amadeus Mozart (1756–1791) hier mit Frau Constanze und Sohn Karl von 1784 bis 1787 die glücklichste Zeit seines Lebens. 2006, fristgerecht zu seinem 250. Geburtstag wurde die ehemalige, aus vier Zimmern, zwei Kabinetten und einer Küche bestehende Wohnung der Musikerfamilie, in der unter anderem die Oper »Hochzeit des Figaro« entstand, adaptiert und das gesamte Gebäude für beachtliche acht Millionen Euro in ein Mozart-Museum verwandelt.

Das Mozarthaus Vienna in der Domgasse 5 wurde im Jubiläumsjahr 2006 eröffnet. Über drei Etagen und insgesamt rund 1000 Quadratmeter Fläche verteilt, wird des Komponisten mit Handschriften und Originalinstrumenten, zeitgenössischen Alltagsgegenständen und Möbeln sowie aufwendigen Multimediainstallationen gedacht. Der Rundgang beginnt im dritten Stock und endet in der historischen Mozartwohnung, der einstigen Beletage.

WOLFGANG AMADEUS MOZART: DAS »VIELLEICHT GRÖSSTE GENIE«

Wolfgang Amadeus Mozart, Zeitgenosse der Aufklärer und Josephs II., Musiker der Fürsterzbischöfe und Kaiser, Freimaurer, früher Kosmopolit, Reisender, derber Spaßvogel und das »vielleicht größte Genie der bekannten Menschheitsgeschichte« (Wolfgang Hildesheimer) war an drei Orten zu Hause: In Salzburg nahm sein viel zu kurzes Leben am 27. Januar 1756 seinen Anfang. Dort erhielt er durch Vater Leopold seine fundierte musikalische Ausbildung. In Prag wurde seine Musik am innigsten geliebt, hatten mehrere Opern, allen voran »Don Giovanni«, ihre Uraufführung. Doch den Zenit seiner Karriere erlebte er in Wien. Vom aufgeklärten Monarchen geschätzt, vom Adel verwöhnt und vom musikbegeisterten Publikum geliebt, schwärmte er als Mittzwanziger, die Residenzstadt sei »für mein Metier der beste Ort der Welt«. Seine Konzertakademien und Subskriptionskonzerte, bei denen er als Dirigent und Klaviervirtuose auftrat, waren ausverkauft, ebenso seine Opern. Er komponierte Symphonien, Konzerte, Messen, Kammer- und Klavierwerke, und er hatte auch privates Glück: Bereits im Jahr 1782 führte er Constanze Weber vor den Traualtar. Von den sechs gemeinsamen Kindern sollten freilich nur zwei das Säuglingsalter überstehen. Auch deren Vater starb letztlich viel zu früh: nämlich am 5. Dezember 1791 mit nur 35 Jahren.

Amadeus ist – wie in Salzburg – so auch in Wiener Souvenirshops allgegenwärtig (unten rechts). Eines der heute am häufigsten reproduzierten Bildnisse Mozarts ist das im Jahr 1819 von Barbara Krafft gemalte (unten links). Oben: Die Sala Terrena im Mozarthaus, ein überaus duftig freskierter Saal im Stil der venezianischen Spätrenaissance, gilt als ältester Konzertsaal von Wien und wurde mehrmals von Mozart bespielt.

GRIECHENGASSE, GRIECHENBEISL, GRIECHENKIRCHE

Nach dem endgültigen Triumph über die Türken entwickelte sich Wien ab dem Jahr 1700 zu einem zentralen Umschlagplatz für Güter aus dem Orient. Bevorzugtes Wohngebiet der Händler vom Balkan, aus Kleinasien und der Levante war die Gegend zwischen Fleischmarkt und Donaukanal. Ein Indiz dafür ist bis heute die kopfsteingepflasterte Griechengasse, die von der Rotenturmstraße hügelaufwärts führt. An ihrem Ende lädt das Griechen-beisl zur Einkehr. Es soll, um das Jahr 1490 gegründet, Wiens ältestes Wirtshaus sein. Berühmt ist es dank dem sagenhaften »Lieben Augustin«, der hier seine Bänkellieder sang. Auch die benachbarte, dem heiligen Georg geweihte griechisch-orthodoxe Kirche zeugt von der einst starken Präsenz der Hellenen. Sie ist an ihrer byzantinisch anmutenden Rohziegelfassade, die um das Jahr 1860 kein Geringerer als Theophil Hansen gestaltete, leicht zu erkennen.

Das Griechenbeisl bietet Hobbygraphologen ein einmaliges Betätigungsfeld: die Gewölbe und Wände eines Raumes, auf denen sich seit alters her prominente Gäste verewigen. Das Gemäuer trägt neben ungezählten anderen Schriftzügen jene von Beethoven und Mozart, aber auch die von Einstein, Richard Wagner und Gina Lollobrigida. Oben: Innenraum und Ikonostase der Griechischen Kirche; unten links: die Griechengasse.

AM DONAUKANAL

Im Zug der ersten Regulierung der Donau entstand in den Jahren 1870 bis 1875 der rund 20 Kilometer lange Donaukanal. An seinem Nordende, in Nußdorf, wo er vom Hauptstrom abzweigt, schuf Otto Wagner eine Wehr- und Schleusenanlage. Exakt 100 Jahre später durfte Friedensreich Hundertwasser dem Fernheizwerk, das knapp drei Kilometer stadteinwärts am rechten Ufer steht, eine bunte Verkleidung verpassen. Ungefähr zur selben Zeit entstand ebenfalls am Westufer, etwa auf Höhe des Augartens, an der Roßauer Lände, die »Summerstage«, eine Reihe schicker Bars und Esslokale. Noch jüngeren Datums sind das am Schwedenplatz verankerte Badeschiff und Lokale wie »Adria«, »Tel Aviv Beach« oder die »Strandbar Hermann«, die, ihrem Namen alle Ehre machend, über richtige Sandstrände samt Liegestühlen, Cocktailbar, Boccia-Spiel und Lounge-Musik verfügen.

Als wäre am Donaukanal ein Ufo gelandet: So wirkt jene im Jahr 2010 eröffnete Schiffsstation, von der die Shuttle-Boote nach Bratislava ablegen (unten). In ihrem Oberdeck ist das Restaurant »Motto am Fluss« zu Hause. Oben links und rechts: das – unter seinem Dach Österreichs älteste und zugleich modernste Sternwarte beherbergende – Volksbildungshaus Urania und das in Sichtweite vertäute Badeschiff.

WIENER POSTSPARKASSE

Als Meisterleistung des bedeutenden Architekturneuerers Otto Wagner und zugleich als ein Hauptwerk des durch streng kubische Formen und kompromisslose Sachlichkeit charakterisierten Spätstils der Secession gilt die in den Jahren 1904 bis 1912 im Nordosten der Altstadt errichtete Zentrale der k. u. k. Postsparkasse. An ihrem Äußeren findet sich allerdings heute keinerlei Spur mehr von den reich ornamentierten, oft schillernd bunten Fassadenteppichen der secessionistischen Zeit. Sehenswert an dem einen Häuserblock vom Stubenring zurückversetzten Bau ist freilich nicht bloß seine mit Marmor und Granitplatten verkleidete, mit Aluminiumbolzen vernietete Fassade. Auch der glasüberdachte Kassensaal mit seiner bis ins kleinste Detail perfekt gestalteten Inneneinrichtung – die übrigens ebenfalls von Wagner stammt – lohnt eine eingehende Betrachtung.

Das Innere mit seinen eleganten Treppenhäusern und dem lichtdurchfluteten Kassensaal macht ebenso wie das von zwei Schutzengeln bekrönte Äußere deutlich, was ihr Schöpfer unter der von ihm postulierten »Einheit von Zweck, Konstruktion und Schönheit« verstand. Wandleuchten, Wandgebläse, Bugholzmöbel – jedes Einzelteil gehorcht dem Gebot höchster Materialästhetik und gestalterischer »Aufrichtigkeit«.

JESUITENKIRCHE

Mit einem der zauberhaftesten geschlossenen Gebäudeensembles im 1. Bezirk wartet der Dr.-Ignaz-Seipel- alias Universitätsplatz auf. An seinen Längsseiten wird er von der Akademie der Wissenschaften und der Alten Universität eingefasst. An seiner Stirnseite im Norden ragt, in elegantes Weiß und zartes Pastellrosa getaucht und reich mit Statuen geschmückt, die Doppelturmfassade der Jesuitenkirche empor. Das barocke Gotteshaus wurde in den Jahren 1623 bis 1631 auf Geheiß von Ferdinand II. anlässlich der Übernahme der Uni-Lehrstühle für Philosophie und Theologie durch die Jesuiten errichtet. Größte Attraktion in ihrem opulent ausstaffierten Inneren ist die meisterhafte Illusionsmalerei von Andrea Pozzo. Dessen Trompe-l'oeil-Scheinkuppel auf dem Tonnengewölbe des Langhauses erweckt beim Betrachter den Eindruck, es handle sich um einen Zentralkuppelbau.

Andrea Pozzo wurde 1703 eigens von Kaiser Leopold I. für die Umgestaltung der Jesuitenkirche aus Rom nach Wien geholt. Der damals schon berühmte Maler und Bildhauer verwandelte den Längsraum, indem er seine Wände mit reichem plastischen Dekor, mächtigen Säulen und gewölbten Brüstungen versah und mit einem pompösen Hochaltar abschloss, den Idealen des Hochbarock gemäß in eine Art sakrale Theaterkulisse.

MUSEUM FÜR ANGEWANDTE KUNST

Nördlich des Stadtparks, am Stubenring, erhebt sich ein weiteres Juwel von einem Wiener Museum – das Museum für angewandte Kunst, kurz MAK genannt. Der Komplex, dem in der Folge auch eine Hochschule angefügt wurde, ist ein Werk Heinrich Ferstels. Der Architekt fühlte sich der italienischen Renaissance verpflichtet und ließ die Fassade des streng gegliederten Rohziegelbaus mit Majolikamedaillons und Sgraffitomalerei farbenreich verzieren. Bei seiner Eröffnung im Jahr 1871 war das MAK ein Pionier unter den Kunstgewerbemuseen Kontinentaleuropas. Es hatte größten Einfluss auf das ästhetische Bewusstsein und die industrielle Entwicklung in der gesamten Monarchie. Seine Sammlung umfasst die Bereiche Glas, Keramik, Metall, Möbel, Porzellan, Textilien, Orientteppiche und Ostasiatika und wird durch hochkarätige Sonderschauen ergänzt.

Mit der Neugestaltung der elf Ausstellungsräume wurden in den 1980er-Jahren zeitgenössische Künstler beauftragt – ein gelungenes Konzept, das im Kontrast zur Architektur des Museumsbaus (unten links das Treppenhaus und die zentrale Halle) ganz eigene Akzente setzt. Zudem leitete man mit der Gründung der MAK-Sammlung Gegenwartskunst (1986) eine wichtige programmatische Neuorientierung ein.

WIENER STADTPARK

Wiens Stadtpark wurde um das Jahr 1860 auf den Gründen des ehemaligen Wasserglacis im englischen Landschaftsstil angelegt und bildet heute mehr denn je eine grüne Insel der Ruhe inmitten des hektischen Verkehrsgeschehens in der österreichischen Bundeshauptstadt. Die über elf Hektar große, von Ringstraße und Heumarkt eingefasste Grünanlage wird von Gärtnern penibel gepflegt und ist von einem dichten Wegenetz durchzogen. Ein reizvolles Jugendstilensemble bildet an der Südwestseite jenes steinerne, von Treppen und Pavillons umrahmte Portal, durch das der Wienfluss, der den Park in zwei Hälften schneidet, aus seinem zwei Kilometer langen Tunnel wieder ins Freie tritt. Ganz in der Nähe, an der Ecke zur Ringstraße, erhebt sich der Kursalon, ein neobarocker Prachtbau, in dem man Kaffee und Kuchen kredenzt und ein Salonorchester regelmäßig zum Tanz aufspielt.

Zahlreiche Denkmäler erinnern entlang der durch das gepflegte Grün mäandrierenden Spazierwege an prominente Maler und Komponisten. In Stein verewigt finden sich etwa Anton Bruckner, Franz Schubert und Hans Makart sowie, am fotogensten, Johann Strauß als vergoldete Bronzefigur in der Pose des Violinvirtuosen (unten). Das Denkmal des Walzerkönigs schuf Edmund von Hellmer im Jahr 1921.

PALAIS COBURG

Wäre das Palais Coburg ein Mensch, sein Schicksal ergäbe den idealen Stoff für ein spannendes Biopic Marke Hollywood. Am Anfang verlief die Chronik sozusagen in geregelten Bahnen: 1839 beauftragte ein Prinz aus dem Hause Sachsen-Coburg-Saalfeld den Architekten Karl Schleps mit dem Bau. Fertiggestellt, blieb der Palast bis zum Revolutionsjahr 1848 erst einmal unbewohnt. Als wenig später ein Sohn des Bauherren einzog, wurde ein Teil als Zinshaus adaptiert. 1945 erlitt der Bau schlimme Bombentreffer. Danach quartierten sich für zehn lange Jahre russische Besatzungstruppen und in der Folge bis 1997 die ÖBB ein. Am Ende war der Bau, inzwischen im Besitz eines bankrotten Immobilienmaklers, dramatisch verkommen. Doch die Rettung nahte – und zwar in der Person eines betuchten Unternehmers, der dem stolzen Kasten ab dem Jahr 2000 als Luxushotel neues Leben einhauchte.

Das Palais Coburg thront auf den Resten einer kurz nach 1800 geschleiften Bastei und bekam vom Volksmund wegen der freistehenden Säulen seiner Fassade den Spottnamen »Spargelburg« verliehen. Seit der 2003 vollendeten Revitalisierung präsentiert es sich als eine Oase höchster Genusskultur – mit Fünf-Sterne-Herberge, noblem Weinbistro und, darunter, dem größten und bestsortierten Weinkeller Europas.

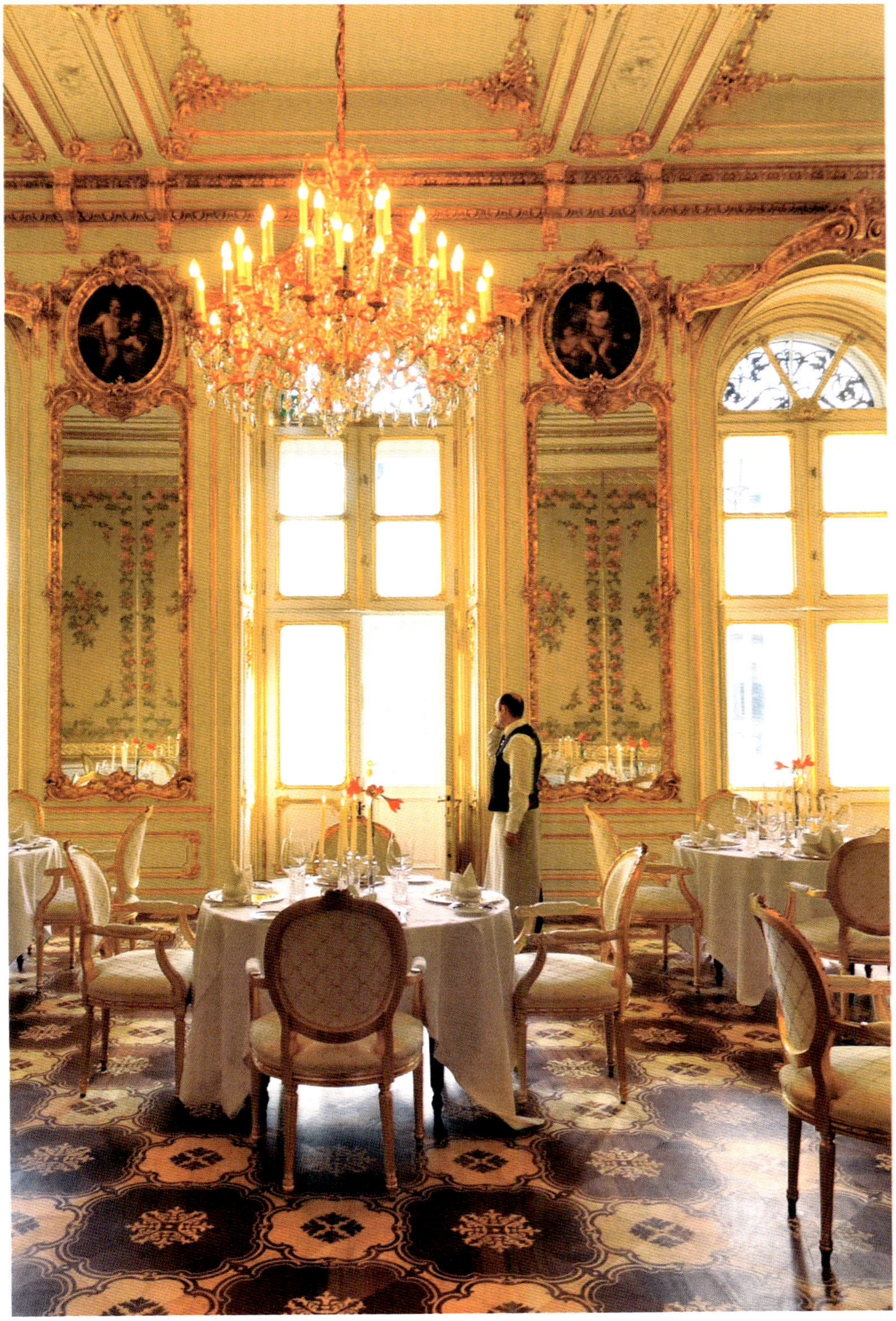

HAUS DER MUSIK

Das ehemalige Palais von Erzherzog Carl in der Seilerstätte ging als Wohnort des deutschen Komponisten Otto Nicolai (1810–1849), der hier im Jahr 1842 die Wiener Philharmoniker gründete, in die Kulturgeschichte ein. Im Jahr 2000 wurde in dem prächtigen Bau das sogenannte Haus der Musik eröffnet. Auf zwei Etagen bietet dieses weltweit erste Klangmuseum den Besuchern die Möglichkeit, mittels modernster interaktiver und multimedialer Installationen auf eigene Faust und höchst unterhaltsame Weise die Zauberwelt der Töne und Geräusche zu erkunden. Begehbare Orgelpfeifen, eine Lichtwand und Riesentrommel, Brain Opera, Mind Forest, Sensor Chair sind nur einige von vielen Attraktionen. In einem Stockwerk finden sich Geschichte und Gegenwart von Wiens berühmtem Orchester, in einem weiteren Leben und Werk ausgewählter Komponistengrößen dokumentiert.

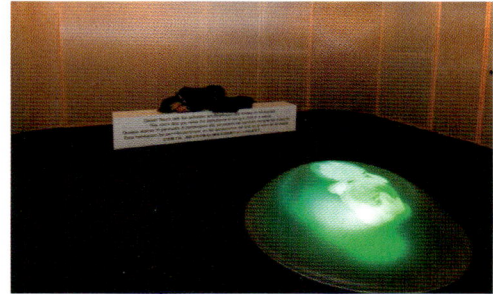

Auf 5000 Quadratmeter Ausstellungsfläche bietet das Haus der Musik ein modernes, innovatives Klangmuseum. In der Sonosphere (oben) und der Futuresphere (unten links), können Besucher anhand futuristischer Hightechgeräte Musik mit allen Sinnen erleben. In einem eigenen Ausstellungsbereich wird legendären Komponisten wie Beethoven, Mozart, Haydn, Mahler & Co. die Reverenz erwiesen (unten rechts).

HOTEL IMPERIAL

Der Ehrentitel als »Erstes Haus Österreichs« kommt nicht von ungefähr: Im Imperial, das 1994 von den Lesern des Condé Nast Traveller zum besten Hotel der Welt gekürt wurde, steigen die offiziellen Gäste der Republik ab. Sein Gästebuch umfasst von Fürst Bismarck, John F. Kennedy und der Queen bis Richard Wagner, der Duse und Thomas Mann alles, was in der höchsten Politik und Kunst Rang und Namen hat. Erbauen ließ den stolzen Kasten im Stil der italienischen Neo-Renaissance Herzog Philipp von Württemberg in den Jahren 1862 bis 1865. Doch schon 1873 wurde er anlässlich der Wiener Weltausstellung in ein Luxushotel verwandelt. Im Erdgeschoss befindet sich seit alters her das Café Imperial. Dort kredenzt man mit Vorliebe die Imperial-Torte. Als süße Rivalin zur Sachertorte konzipiert, verwöhnt sie den Gaumen mit einer Mischung aus Kakao-, Marzipan- und Mandelgeschmack.

Das imposante Foyer und Treppenhaus mit seinem vielen Marmor und Stuck und den kolossalen Kristallleuchtern, die Deckenmalereien in den Zimmern, die intarsierten Parkette und kostbaren Teppiche, feinen Stilmöbel und alten Meister machen aus dem Imperial ein bewohntes Prachtmuseum. Und betuchten Gästen steht sogar ein persönlicher Butler zu Diensten. Oben: der Haupteingang am Kärntner Ring.

MUSIKVEREIN

Das Wiental zwischen Naschmarkt und Stadtpark ist ein Reich der Musen. Von überragender Bedeutung für das musikalische Geschehen ist der sogenannte Musikverein. Der antikisierende Bau mit seinen charakteristischen rötlichen Fassaden wurde in den Jahren 1867 bis 1869 von dem Ringstraßenarchitekten Theophil von Hansen im historistischen Stil erbaut. Er ist Heimstatt der bereits im Jahr 1814 gegründeten Gesellschaft der Musikfreunde und besitzt mit dem Goldenen Saal, von dem aus an jedem 1. Januar das Neujahrskonzert der Philharmoniker via Satellit um die Welt geht, einen der geschichtsträchtigsten und akustisch perfektesten Konzertsäle der Welt. Für Kammermusik- und Liederabende ideal geeignet ist der historische, kleinere Brahmssaal. Hinzu kommen vier erst vor wenigen Jahren im Souterrain zusätzlich errichtete, technisch modernst ausgestattete Konzertsäle.

Bruckner, Mahler, Schönberg, Strauss, Rubinstein, Horowitz, Karajan – keine Größe des Konzertgeschehens, die nicht vor der festlichen Kulisse des Großen Musikvereinssaals das von Karyatiden umstellte Publikum in Wohlklang getaucht hat. Rechts oben dirigiert Maestro Nikolaus Harnoncourt, Ehrenmitglied der Gesellschaft der Musikfreunde und engagierter Vertreter der historischen Aufführungspraxis.

1. BEZIRK: HOFBURG UND WESTLICHE ALTSTADT

Die Hofburg, ein im Lauf von mehr als 700 Jahren gewachsener Gebäudekomplex im Herzen von Wien, bildete als Residenz der habsburgischen Herrscher das Machtzentrum eines riesigen Vielvölkerstaates. Heute birgt die »Burg«, in der übrigens die Lipizzaner, die Sängerknaben und die Nationalbibliothek ihre Heimat haben und Österreichs Bundespräsident seines Amtes waltet, vorrangig museale Schätze. Rund um »die Burg« zeigt sich die Innenstadt mit edlen, von Adelspalais gesäumten Shoppingmeilen, bedeutenden Kirchen und Museen von ihrer attraktivsten Seite.

Die im abendlichen Glanz erstrahlende »Neue Hofburg« zeugt von der Pracht, mit der die Habsburger ihre Hauptstadt bis zum Ende der Monarchie (1918) umgaben. Der stolze Herr hoch zu Ross ist Prinz Eugen, den das kollektive Gedächtnis als Befreier vom Türkenjoch in Ehren hält.

GRABEN UND DREIFALTIGKEITSSÄULE (PESTSÄULE)

Der Graben, den schon die Römer als Teil der Verteidigungsanlagen ihres im 1. Jahrhundert errichteten Legionslagers Vindobona nutzten, ist nicht nur ein teures, sondern auch ein besonders geschichtsträchtiges Pflaster. Das ganze Mittelalter hindurch diente er, nachdem ihn die Babenberger um das Jahr 1200 im Zuge ihrer Stadterweiterung eingeebnet hatten, als Mehl- und Gemüsemarkt sowie später dem Hof als Schauplatz glanzvoller Feste. Heute fungiert er, den Fußgängern vorbehalten und von prächtigen Palais sowie von schmucken Straßencafés gesäumt, als noble Einkaufsmeile. Im Zentrum des Grabens erhebt sich eine hochbarocke Dreifaltigkeitssäule. Als erstes Provisorium wurde sie bereits im Jahr 1679 auf Geheiß Kaiser Leopolds I. errichtet – zum Gedenken an jene (die Zahlen differieren zwischen 30 000 und 75 000) Wiener, die im selben Jahr einer Pestepidemie zum Opfer gefallen waren.

GRABEN UND DREIFALTIGKEITSSÄULE (PESTSÄULE)

Ambulante Kalorientankstellen für Stadtflaneure: ein Würstelstand und – in der kalten Jahreszeit – auch ein Maronibrater stillen, wo die Seilergasse in den Graben mündet, den kleinen Hunger. Oben rechts im Bild sieht man einen Bus, in dem zur Adventszeit Shopper schwere Einkaufstaschen zwischenparken können. Unten: Die im Jahr 1693 von Lodovico Burnacini vollendete Dreifaltigkeitssäule wird auch Pestsäule genannt.

K. U. K. HOFLIEFERANTEN

Gepflegt, gediegen, edel sind sie – Inseln des erlesenen Geschmacks in der Flut stilloser Ladenketten für Schnäppchenjäger. Palisander empfängt den Besucher, Samt und oft viel Silber, und man fühlt sich in die Frühzeit jener aufwendigen Eleganz versetzt, als der Titel »Hof-« oder gar »Kammerlieferant« noch nicht nostalgisches Beiwerk am Firmenschild, sondern stolzer Beweis dafür war, dass der Kaiser und sein Gefolge die hier erzeugten Produkte höchstpersönlich genossen. Gegründet wurden diese Häuser, die sich alle im 1. Bezirk, rund um Graben, Kärntner Straße und Kohlmarkt befinden, irgendwann zwischen Maria Theresia und Franz Joseph, im 18. und 19. Jahrhundert also. K. u. k. Hoflieferant (kaiserlicher und königlicher Hoflieferant) war in der österreichisch-ungarischen Doppelmonarchie ein Titel, den nur die besten Geschäfte einer Branche führen durften. Noch heute gehören viele dieser Unternehmen zu den edelsten Geschäften Wiens. Ihre Verkaufsräume sind lebendige Museen, ihre oft noch aristokratischen Kunden bleiben bis zu deren Tod ungenannt und ihre Warenregale sind Orte, an denen handwerkliche Einzelstücke den Massenprodukten draußen eine lange Nase machen; Bewahrer sind sie einer Zeit, als der Einkauf nicht nur Tauschhandel, sondern öfter noch Ausdruck verfeinerter Lebensfreude sein durfte.

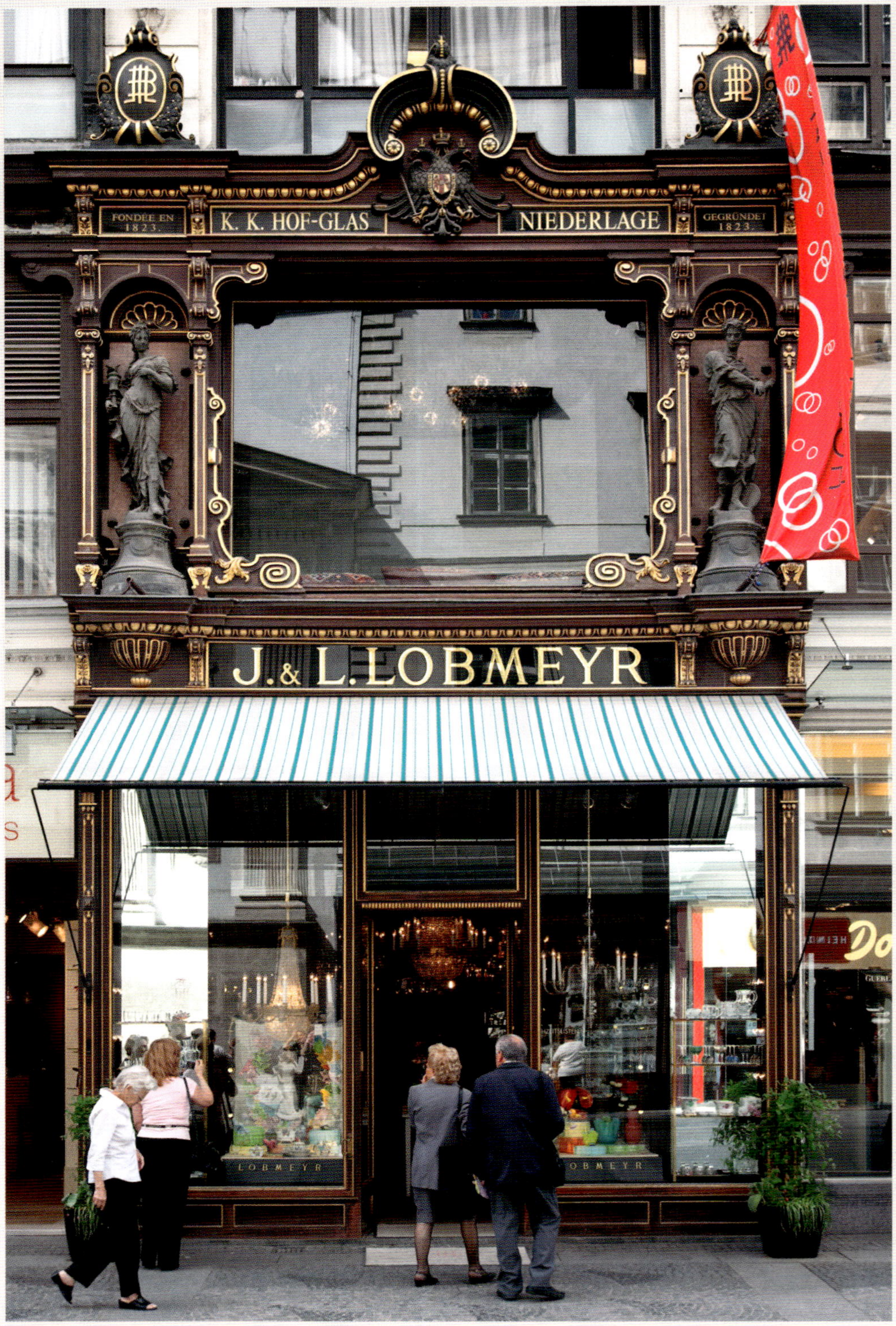

Unten: Citygeschäft des Kristall- und Glaswaren-herstellers Lobmeyr. Im zweiten Stock dokumen-tiert ein Glasmuseum, was dieser im Jahr 1823 gegründete, 1885 von Kronprinz Rudolf als »eine wahre Zierde unserer Industrie« bezeichnete Familienbetrieb in nun schon sechs Generationen hervorgebracht hat. Oben links und rechts: feines Tuch im Bekleidungshaus Braun, heute H & M, und feine Kost im »Schwarzen Kameel«.

PETERSKIRCHE

Sie steht, was barocke Opulenz betrifft, der Fischer von Erlachschen Karlskirche kaum nach, und ihre Wurzeln reichen tiefer in die Vergangenheit als die jeder anderen Kirche der Stadt: Glaubt man der Überlieferung, befand sich an der Stelle der heutigen Peterskirche schon im 4. Jahrhundert ein aus Relikten einer römischen Kaserne errichtetes Gotteshaus. Urkundlich erwähnt ist eine Kirche freilich an dem Ort, der heute Petersplatz heißt und nur wenige Schritte nördlich des Grabens liegt, erst ab dem frühen 12. Jahrhundert. Der heutige Bau, Wiens erster mit einer zentralen Kuppel, wurde im Jahr 1703 auf Initiative von Leopold I. nach Plänen von Gabriele Montani begonnen und dreißig Jahre später, 1733, vermutlich durch Lukas von Hildebrandt vollendet. Den Kuppelraum hat überwiegend Matthias Steinl gestaltet. Die Fresken malte Johann Michael Rottmayr.

PETERSKIRCHE

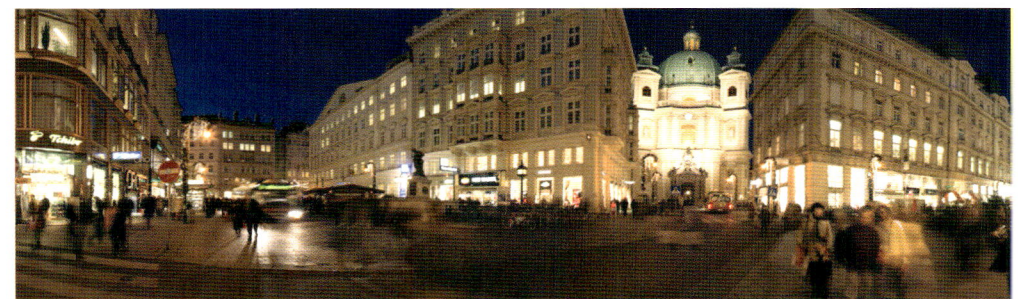

Versteckt zwischen den hohen Häusern des Grabens, entfaltet die Peterskirche mit ihrer mächtigen, grünspanigen, von zwei Türmen eingefassten Kuppel, wenn man direkt vor ihr steht, eine umso imposantere Wirkung. Die überaus reich geschmückte Kanzel schuf Matthias Steinl, den Hochaltar, der das ovale Innere nach Norden hin abschließt, Antonio Galli-Bibiena, und das Altarbild dessen Landsmann Martino Altomonte.

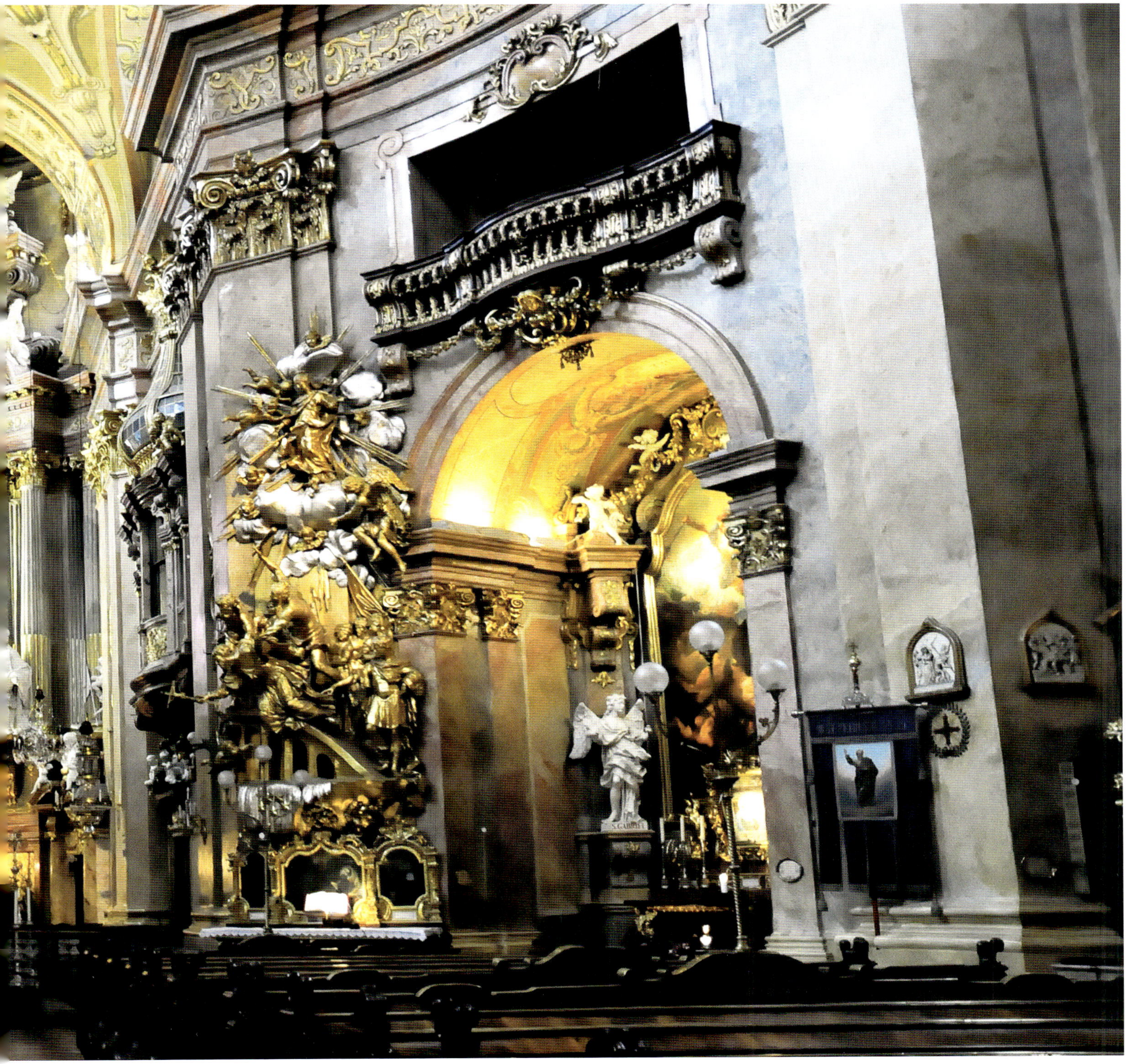

KOHLMARKT

Es klingt wie eine ironische Fügung der Stadtgeschichte: Just jene Straße, in der die Wiener einstmals Holz und Kohle für ihre Heizöfen kauften, wird heute von den luxuriösesten Läden der Stadt gesäumt. Die Verbindung zwischen Graben und Michaelerplatz gilt heutzutage als Wiens Nobelmeile schlechthin, an der diverse Multis der internationalen Mode- und Accessoiresbranche, von Armani und Cartier bis Tiffany und Louis Vuitton, die Pachtpreise in schwindelerregende Höhen schrauben. Einige alteingesessene Läden zumindest können sich noch halten – die renommierte kartografische Anstalt Freytag & Berndt etwa, der Tabakladen Mohilla und die Buchhandlung Manz. Für Freunde zeitgenössischer Architektur hervorhebenswert sind die Portale des Juweliers Schullin (Haus Nr. 7) und des Kerzengeschäfts Retti (Nr. 10), zwei frühe Werke von Pritzker-Preisträger Hans Hollein.

Zwei gastronomische Top-Adressen am Kohl-markt sind die ehemalige k.u.k.-Hofzuckerbä-ckerei Demel, ein Schmuckschachterl von einem Café, in dem es angeblich die besten Törtchen und Petits Fours der City gibt und die süßesten Mädel hinter der Theke stehen; und, an der Grenze zum Graben, »den Meinl« (oben), bestehend aus einem exquisitest sortierten Deli-Laden und einem Mix aus Edelcafé und Cocktail-Bar.

»ÖFFENTLICHE WOHNZIMMER«: WIENER CAFÉS

Der Essayist Alfred Polgar nannte sie »öffentliche Wohnzimmer für Leute, die allein sein wollen, aber dazu Gesellschaft brauchen« – jene legendäre Institution namens Kaffeehaus, dessen Würdigung zum fixen Inventar jedes Wien-Feuilletons gehört. Ihr Zauber, die Tradition und Bedeutung als Brennpunkt des Geisteslebens seien einmalig, heißt es in den einschlägigen Texten, die längst Bibliotheken füllen. Dass zu der Zeit, als an der Donau die ersten Kaffeesieder vom Kaiser ihr Privileg erhielten, »daß türkhische Getränkh, als Caffé, The und Scherbet zu praeparieren«, in den Städten Italiens und Frankreichs noble Cafés bereits gang und gäbe waren, verschweigen die Feuilletonisten geflissentlich. Wie dem auch sei: Spätestens im Biedermeier dienten Kaffeehäuser auch in Wien als Zentrum der städtischen Intelligenzija. Und um 1900, aber auch noch in der Zwischenkriegszeit, wurde an den Marmortischchen etwa des Café Herrenhof, des Griensteidl oder des Central die Zukunft der Weltliteratur und Weltpolitik, der Musik und der Seelenkunde maßgeblich vorausbestimmt. Die geballte Kreativität ist, vornehmlich durch die Vertreibung und Vernichtung des jüdischen Publikums, verschwunden. Doch als Orte des geselligen Beisammenseins stehen die insgesamt an die 1800 Cafés bei Touristen wie Stammgästen weiterhin hoch im Kurs.

Das Café Central mit seinen Säulengewölben (große Abbildungen unten, oben rechts) war um 1900 ein Literatentreff und erstand, aufwendig restauriert, in den 1980er-Jahren wieder auf. Aber auch in den vielen weiteren Kaffeehäusern der Stadt lebt die Tradition fort (oben links: »das« Hawelka in der Dorotheergasse; rechte Bildleiste: je zwei weitere Bilder vom Café Central im Palais Ferstel und vom Demel am Kohlmarkt).

MICHAELERPLATZ, MICHAELERKIRCHE

Zu den prachtvollsten und geschichtsträchtigsten Freiflächen der Innenstadt zählt der Michaelerplatz. Er wird an der Südwestseite von der Hofburg flankiert, in deren zentralen Hof ein Durchlass zu Füßen der patinagrünen und goldenen Michaelerkuppel führt. Im Westen (auf dem großen Bild links) schließt das Palais Herberstein an, in dessen Erdgeschoss das Remake des im Fin de siècle für seine illustre Kundschaft berühmten Traditionscafés Grien-steidl zur Einkehr lädt. Vis-à-vis erhebt sich, mit schlankem Turm und barockem Portal versehen, die Michaelerkirche, eine dreischiffige Pfeilerbasilika, deren Baumeister der berühmten Bauhütte von St. Stephan angehörten. Und dazwischen steht das Loos-Haus, für dessen Ornamentlosigkeit der Architekt Adolf Loos noch vor Vollendung des nüchternen Zweckbaus (1911) heftige Polemiken (eine wahre »Scheußlichkeit«, Kaiser Franz Joseph) erntete.

Wie tief die Geschichte des Michaelerplatzes zurückreicht, offenbaren die in seiner Mitte freigelegten Reste römischer Gebäude (unten). Oben links: Dramatisch gestaltete Brunnen- und Herkulesfiguren flankieren das Michaelertor. Oben rechts der spätbarocke Hochaltar in der Michaelerkirche: Die frühere Hofpfarrkirche des Kaiserhauses entstand in der ersten Hälfte des 13. Jahrhunderts und wurde später erweitert.

FIAKER: MIT ZWEI PS DURCH WIEN

Sie gehören zu den viel besungenen Wienklischees und sind aus dem Straßenbild der Innenstadt kaum wegzudenken: jene berühmten Zweispänner, ungefähr 120 an der Zahl, die bei Schönwetter zwischen Ringstraße, Hofburg und mittelalterlichem Stadtkern ihre immergleichen Runden drehen, ohne sich dabei selbst vom dichtesten Stoßverkehr aus der Ruhe bringen zu lassen. Die Bezeichnung »Fiaker« ist französischen Ursprungs. Angeblich war es ein Gastwirt, der um die Mitte des 17. Jahrhunderts in der Pariser Rue de Saint Fiacre als Erster Lohnkutschen verlieh. Eine Generation später fiel die Idee auch in Wien auf fruchtbaren Boden. In ihrer Glanzzeit in den Jahren vor 1900 kutschierten über tausend Fiaker durch die Kaiserstadt. Während damals die möglichst rasche Überwindung einer Strecke von A nach B im Vordergrund stand, geht es heute rein um das Vergnügen, das übrigens nicht ganz billig ist. Dafür hat man als Gast mit etwas Glück einen Herren auf dem Kutschbock sitzen, der, die typische Melone auf dem Kopf, nicht bloß stumm die Zügel hält, sondern im Vorbeirollen mehr oder weniger kompetent und charmant auch über diverse Sehenswürdigkeiten aufklärt. Wer bereit ist, deutlich tiefer in die Tasche zu greifen, kann sich in einem der schaukelnden Zwei-PS-Gefährte auch hinaus nach Schönbrunn oder Grinzing fahren lassen.

FIAKER: MIT ZWEI PS DURCH WIEN

Ob vom Burghof Richtung Äußeres Burgtor (unten links), durch eine Innenstadtgasse (unten rechts) oder vor dem Parlament (oben): Fiaker sind naturgemäß eher gemächlich, »pomali«, wie es in Wien heißt, unterwegs. Ihre fixen Standplätze haben die in der Regel schwarzen, gegen Regen und zu viel Sonne mit Faltdach versehenen Droschken auf dem Heldenplatz, vor der Albertina und an der Westseite des Stephansdoms.

HOFBURG: MICHAELERTOR, MICHAELERTRAKT

Einen besonders prunkvollen und homogenen Eindruck vermittelt die Hofburg an ihrer Nordostseite, vom Michaelerplatz aus. Die Pläne für diesen Gebäudeteil gleichen Namens lieferte, wie auch jene für den unmittelbar dahinter angrenzenden Reichskanzleitrakt, bereits Joseph Emanuel Fischer von Erlach um das Jahr 1730. Gebaut wurde der Michaelertrakt aber erst in den Jahren 1889 bis 1893, nachdem das alte, gut hundert Jahre zuvor an dieser Stelle gegründete Hofburgtheater demoliert worden war. Unter der abends effektvoll beleuchteten Michaelerkuppel, deren drei mit kunstvollen Schmiedeeisengittern versehenen Tore vier Herkulesfiguren flankieren, befinden sich die Aufgänge zur Silberkammer und zu den Kaiserappartements. Die beiden monumentalen Wandbrunnen an den halbrunden Enden des Traktes zeigen die »Macht zur See« beziehungsweise »zu Lande«.

Als »Schaufenster in Wiens Geschichte« bezeichnete der Stararchitekt Hans Hollein die Mitte des
Michaelerplatzes, nachdem er sie im Jahr 1991
fertig umgestaltet hatte. Seither liegen dort
offen einsehbar jene Ausgrabungen aus römischer Zeit zu Tage, die Archäologen erst kurz
zuvor dort im Boden entdeckt hatten (unten).
Oben: ein Detail des Skulpturenschmucks über
dem prunkvoll gestalteten Michaelertor.

HOFBURG: REICHSKANZLEITRAKT, AMALIENBURG, LEOPOLDINISCHER TRAKT

Über 600 Jahre lang, mit nur kurzen Unterbrechungen, schlug Österreichs politisches Herz in der Hofburg. Trakt für Trakt haben die Herrscher im Lauf der Zeit hinzugefügt und auf diese Weise aus dem gotischen »castro Wiennensi« jenen heutigen, rund 240 000 Quadratmeter großen Gebäudekomplex geschaffen, den die Wiener gerne verkürzend als »die Burg« bezeichnen. Aus der Frühzeit stammen noch der Schweizerhof und die Burgkapelle. In der Renaissance entstanden die Stall- und die später umgestaltete Amalienburg. Im 17. Jahrhundert ließ Leopold I. eine neuerliche, nun schon frühbarocke Erweiterung in Form des – nomen est omen – Leopoldinischen Trakts durchführen. In diesem lebten einst Maria Theresia und Franz Stephan, und hier hat heute der Bundespräsident seine Amtsräume. Der Reichskanzleitrakt schließlich, vis-à-vis, wurde unter Karl VI. erbaut.

HOFBURG: REICHSKANZLEITRAKT, AMALIENBURG, LEOPOLDINISCHER TRAKT

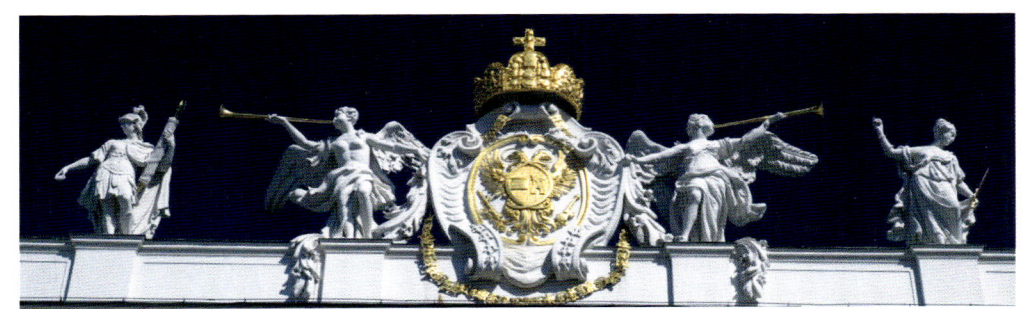

Einen Teil der Amalienburg bewohnte Kaiserin Elisabeth, einen weiteren Zar Alexander I. Beide Bereiche sind, wie auch die von Franz Joseph benutzten Räume des Reichskanzleitrakts, als Kaiserappartements zu besichtigen. Der von Leopoldinischem und Reichskanzleitrakt umschlossene Innenhof, in dessen Mitte das Denkmal für Franz II. steht, diente früher als Richtstätte, Fest- und Turnierplatz.

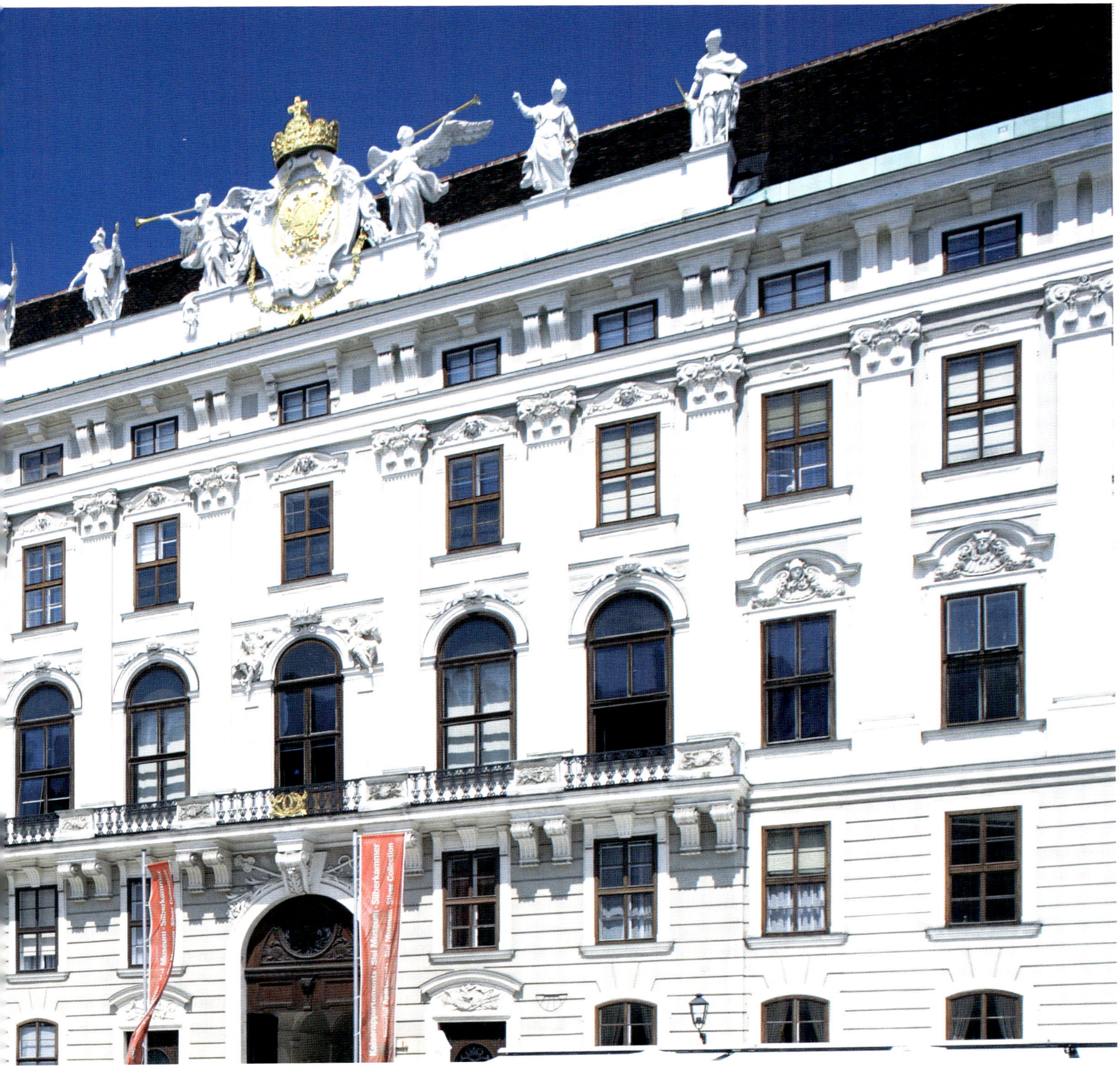

KAISERIN SISI: SCHÖNHEIT ALS OBSESSION

Ihr Leben scheint im Rückblick geradezu prädestiniert zu sein, um zum Mythos verklärt zu werden. Es ist kein Wunder, dass Romy Schneider ihren Filmruhm als Kaiserin Sisi begründete und Wiens Tourismusindustrie mit ihr als zentraler Figur der Habsburgernostalgie bis heute blendende Geschäfte macht. 1854, mit sechzehn, wurde Elisabeth, Herzogin von Bayern, mit Österreichs Herrscher Franz Joseph vermählt. Der zu Anfang rosaroten Romanze entspringen zunächst zwei Mädchen, dann der ersehnte Thronfolger Rudolf. Doch Sisi entzieht sich dem strengen Hofzeremoniell bald durch ausgedehnte Reisen. Von einem zweijährigen, als Kur getarnten Aufenthalt auf Madeira kehrt das »schöne Dummerl« als selbstbewusste First Lady zurück, deren Anmut und Intelligenz dem Hof Glanz verleihen. Ein politisches Herzensanliegen, für das sie sich stark engagiert, ist der »Ausgleich« mit Ungarn. Doch zusehends lassen sie ihre schwache Gesundheit und ein fragiles Wesen in Isolation und Krankheit flüchten. Ihrem Gemahl entfremdet, macht sie ihre Schönheit zur Obsession, pflegt stundenlang ihr fersenlanges Haar, reitet, turnt, hält rigide Diät. Als 1889 Sohn Rudolf in Mayerling Selbstmord begeht, verfällt sie endgültig in tiefe Melancholie. Neun Jahre später, am 10. September 1898, ersticht sie der Anarchist Luigi Lucheni in Genf mit einer Feile.

KAISERIN SISI: SCHÖNHEIT ALS OBSESSION

Intime Einblicke in die Persönlichkeit und das Alltagsleben der Kaiserin bietet das 2004 in ihren ehemaligen Gemächern im Michaelertrakt eröffnete Sisi-Museum. Die großen Bilder zeigen dessen Eingang und die Turnringe für ihre tägliche Morgengymnastik, die kleinen oben den Großen Salon und eine im Museum aufgestellte lebensgroße Nachbildung. Rechte Seite: »Sisi«-Porträt (1864) von Franz Xaver Winterhalter.

HOFBURG: SCHATZKAMMER, KAISERAPPARTEMENTS UND SILBERKAMMER

Sie gilt als weltweit bedeutendste Sammlung ihrer Art und beherbergt Ordens- und Krönungsinsignien, Hoheitszeichen, Schmuck und Memorabilia von immensem künstlerischen, historischen und auch materiellen Wert: Highlights der Schatzkammer in der Wiener Hofburg sind die Reichskleinodien und Reliquien des Heiligen Römischen Reiches Deutscher Nation, weiters der Schatz des Ordens vom Goldenen Vlies, die Pretiosen der Maria von Burgund und diverse unveräußerliche Erbstücke der Habsburger. Intime Einblicke in die größtenteils noch original eingerichteten Wohn- und Arbeitsräume Kaiser Franz Josephs und seiner Gattin Sisi vermitteln die Kaiserappartements. In der dazugehörenden Silberkammer findet sich das Fest- und Alltagsgeschirr des Hofes ausgestellt – darunter gigantische Tafelaufsätze, kostbare Porzellanservices und herrliche Galagedecke.

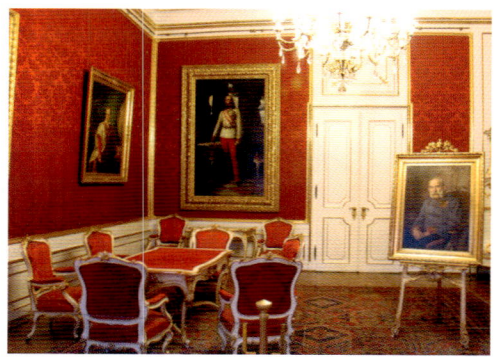

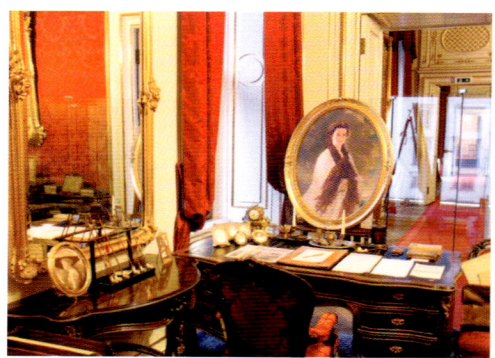

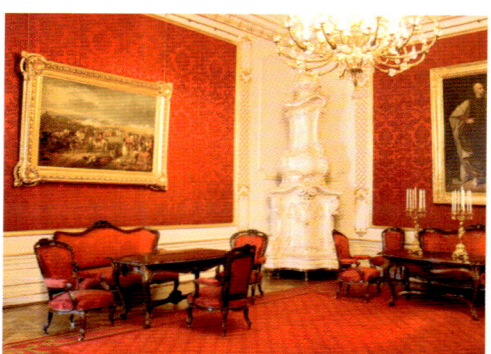

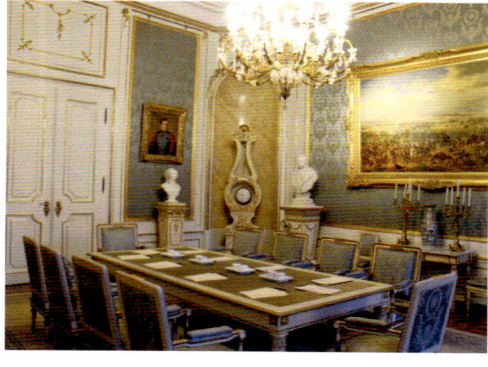

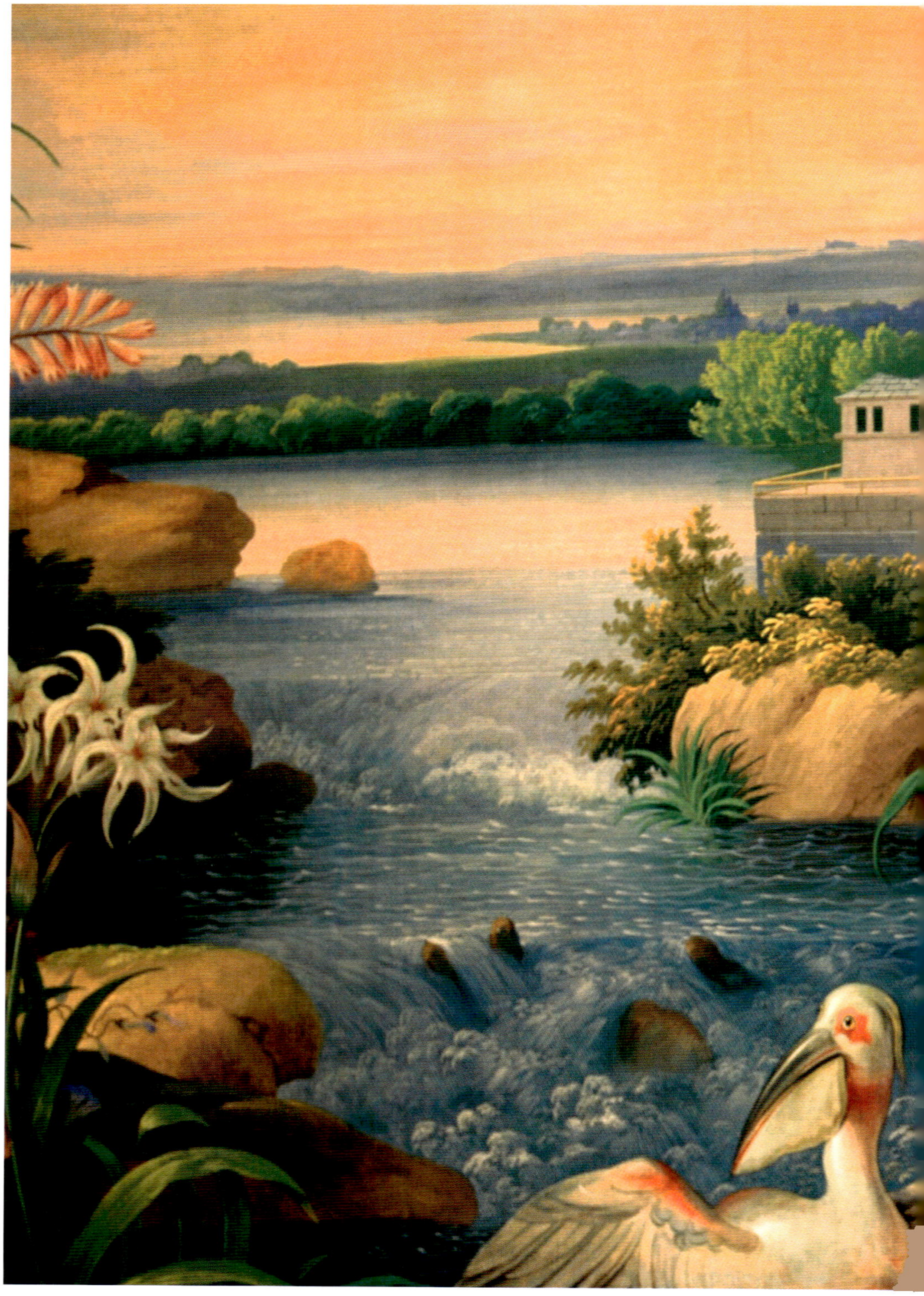

Ein Blick in die Alltagwelt seiner erlauchtesten Majestät, Kaiser Franz Joseph (linke Seite von oben): sein Audienz- und sein Arbeitszimmer, der Große Salon und das Konferenzzimmer. Das tropische Naturidyll (großes Bild) ziert, ebenfalls in den Kaiserappartements, eine Wand des Berglzimmers. Oben links: die Krone Rudolfs II., der um 1600 von Prag aus über das Reich regierte; oben rechts: eine Vitrine der Silberkammer.

HOFBURG: SPANISCHE HOFREITSCHULE

Ebenfalls am Josefsplatz liegt der Eingang zur Winterreitschule. Von den Emporen dieses hochbarocken Raums, den Joseph Emanuel Fischer von Erlach 1735 vollendete, kann man die legendären Lipizzaner – schneeweiße Pferde aus ursprünglich spanischer Zucht – regelmäßig bei ihren Kapriolen, Levaden und Courbetten beobachten: entweder bei der zweistündigen Morgenarbeit oder im Rahmen der circa achtzigminütigen Galavorstellungen. Die so grazilen wie gelehrigen Vierbeiner sind nach dem unweit von Triest im heutigen Slowenien gelegenen Ort Lipica benannt, wo bis 1918 das k. u. k. Hofgestüt beheimatet war. Heute stammen sie vorwiegend aus dem Staatsgestüt Piber in der Steiermark. Sie sind das lebendige Erbe der habsburgischen Prunk- und Festkultur. Ihre Vorführungen gehörten seit dem 16. Jahrhundert zu den Highlights höfischer Unterhaltungsprogramme.

An der Spanischen Hofreitschule wird seit mehr als 430 Jahren die Hohe Schule der klassischen Reitkunst gelehrt. Zu Hause sind die edlen Lipizzanerhengste – Nachkommen jener spanischen Pferderasse, die im 16. Jahrhundert als besonders edel, feurig und gelehrig galt, in der Stallburg. Der Renaissancebau in der Reitschulgasse mitsamt seinem prachtvollen Arkadenhof beherbergt auch das Lipizzaner-Museum.

DIE WIENER SÄNGERKNABEN

Ein ähnlich weltberühmter Imageträger und kultureller »Exportartikel« wie die Lipizzaner sind die Wiener Sängerknaben. Bereits 1498 von Kaiser Maximilian I. als Teil der Wiener Hofmusikkapelle gegründet und anfänglich von dem Niederländer Heinrich Isaac geführt, oblag ihnen seit alters die musikalische Gestaltung der Heiligen Messe. Bis 1918 standen die »Goldkehlchen« unter dem speziellen Schutz des Kaisers. In den letzten Jahrzehnten der Monarchie traten sie in Kadettenuniform, angetan mit Degen und Zweispitz, auf. Erst nach ihrer abermaligen Gründung 1926 legten sie den bis heute obligaten Matrosenanzug an. In dem eigens für sie gegründeten Internat, das übrigens seit 1948 im Palais Augarten untergebracht ist, erhielten viele Generationen begabter Jungen, unter ihnen Joseph Haydn und Franz Schubert, eine erstklassige musikalische Erziehung. Noch heute kann man dem Chor an Sonn- und Feiertagen beim Gottesdienst in der Burgkapelle lauschen. Darüber hinaus stellen die Knaben regelmäßig auf Tonträgern und bei Konzerttourneen ihre Sangeskunst unter Beweis, begeistern weltweit ihr Publikum zwischen Tokio und London, New York, Rio und Peking. Das bescherte ihnen den Beinamen »Österreichs singende Botschafter« – eine Karriere freilich, die mit dem Stimmbruch zu enden pflegt.

DIE WIENER SÄNGERKNABEN

Ob bei der allwöchentlichen Festmesse in der Hofburgkapelle oder bei den zahlreichen Konzerten daheim und in aller Welt: Die Buben erscheinen stets ordentlich und geschniegelt und singen mit höchster Konzentration. Etwa 100 Eleven besuchen zeitgleich das Internat der Sängerschule, sie sind in vier gleichrangige, nach den Komponisten Bruckner, Haydn, Mozart und Schubert benannte Chöre unterteilt.

HOFBURG: ÖSTERREICHISCHE NATIONALBIBLIOTHEK

Mehr als drei Millionen Druckschriften umfasst die in der Hofburg untergebrachte Österreichische Nationalbibliothek (ÖNB). Sie nimmt die ganze Westfront des Josefsplatzes ein, ihr Haupteingang jedoch liegt auf dem Heldenplatz. Ihr 78 Meter langer, mehr als 20 Meter hoher und von einer mächtigen Kuppel bekrönter Prunksaal wurde im frühen 18. Jahrhundert von Vater und Sohn Fischer von Erlach erbaut und von Daniel Gran in hochbarockem Über-schwang freskiert. Wer bei der Besichtigung staunend dieses grandiose Raumgefüge auf sich wirken lässt, der versteht, weshalb es unter Kennern als einer der schönsten Bibliotheksräume der Welt gerühmt wird. Die Bibliothek entging übrigens im November 1992 beim Brand des angrenzenden Redoutentrakts um Haaresbreite ihrer Zerstörung. Nur mehr eine Metallwand trennte damals die Flammen von den Bücherregalen.

Die Kuppel des Prunksaals schmückt ein Fresko von Daniel Gran. Es hat eine Apotheose Karls VI. zum Thema. Kleine Bilder: Zur Ausstattung des Prunksaals zählen auch vier Coronelligloben. Am stimmungsvollsten liest und studiert es sich im 1773 errichteten Augustinerlesesaal. Das älteste, bis heute in der Bibliothek vorhandene Buch, das »Evangeliar des Johannes von Troppau«, stammt aus dem Jahr 1368.

JOSEFSPLATZ, AUGUSTINERKIRCHE

Die Klosterkirche der Augustiner zählt wohl zu den geschichtsträchtigsten aller Wiener Gotteshäuser. Gestiftet wurde sie von Friedrich dem Schönen (1289–1330). Hier predigte im späten 17. Jahrhundert der wortgewaltige Augustinermönch Abraham a Santa Clara. Hier heirateten im Jahr 1810 Napoleon I. und Erzherzogin Marie-Louise. 1854 trat hier Kaiser Franz Joseph mit Elisabeth von Bayern vor den Traualtar, und 1881 Kronprinz Rudolf mit Stefanie von Belgien. In der Herzgruft ruhen in kleinen Silberurnen die Herzen zahlreicher Habsburgermonarchen. Der Josefsplatz, an dessen Südseite man die Kirche betritt, bildet ein spätbarockes Ensemble von beeindruckender Homogenität. Er wird von den strahlend hellen Fassaden der Nationalbibliothek (im Westen), der Winterreitschule (im Norden) sowie der beiden Palais Pálffy und Pallavicini (im Osten) umrahmt.

Das Langhaus der dreischiffigen Augustinerkirche ist ungewöhnlich ausgedehnt. Als Höhepunkte seiner Ausstattung gelten die im 14. Jahrhundert erbaute Georgskapelle und Antonio Canovas monumentales Marmorgrab, eine klassizistische Pyramide, für Erzherzogin Maria Christina von Sachsen-Teschen. Oben links/rechts: das Denkmal Josephs II. auf dem nach ihm benannten Platz und das Portal des Palais Pallavicini.

ALBERTINA UND ALBERTINAPLATZ

Die Widersprüchlichkeit seines Wesens offenbart Wien augenfällig an jenem Platz, der sich an der Rückseite der Staatsoper erstreckt. Da lässt das Nobelhotel Sacher als Wiege der legendären Schokoladentorte gleichen Namens Schleckermäulern das Wasser im Mund zusammenlaufen. Nebenan erinnert Alfred Hrdlickas Mahnmal gegen Krieg und Faschismus an die dunklen Jahre 1938 bis 1945. Vis-à-vis gelangt man auf die Augustinerbastei und von dort in die Albertina. Das Palais beherbergt die weltweit größte grafische Sammlung. Sie geht auf Herzog Albert von Sachsen-Teschen zurück, einen Schwiegersohn Maria Theresias. Der ganze Komplex wurde auf Hochglanz renoviert und von Hans Hollein mit einem silbernen Flügel aus Aluminium versehen. Dank spektakulärer Sonderausstellungen hat er sich zu einem der Top-Publikumsmagneten in der Wiener Museumslandschaft entwickelt.

Die grafische Sammlung der Albertina umfasst rund 1,5 Millionen Druckblätter sowie etwa 44 000 Zeichnungen und Aquarelle. Besucher betreten das Palais via Rolltreppe über die Augustinerbastei. Hans Holleins 300 Quadratmeter großer »Flügel« über dem Komplex soll »Geschwindigkeit und Zukunft« symbolisieren. Das Reiterdenkmal auf der Terrasse zeigt Herzog Albert in der Pose eines siegreichen Feldherrn.

ALBERTINA: PRUNKRÄUME, MUSEUM

Das nach seinem Erbauer Herzog Albert von Sachsen-Teschen benannte Palais Albertina ist dank der darin aufbewahrten Grafiksammlung weltberühmt und neuerdings auch als Schauplatz hochkarätiger Kunstausstellungen in aller Munde. Im Zuge seiner immens aufwendigen, um 2006/2007 nach langen Jahren abgeschlossenen Generalsanierung wurden auch die insgesamt 21 auf zwei Etagen verteilten Prunkgemächer neu gestaltet. Von ihrer Originalausstattung war vor Ort kaum noch etwas erhalten geblieben. Doch dank diverser Ankäufe und Leihgaben, etwa aus dem MAK und dem Hofmobiliendepot, können die Besucher heute, nach Jahrzehnten des Verfalls, beim Gang durch die Zimmerfluchten wieder eine Zeitreise in die Welt des Klassizismus unternehmen und sich ein authentisches Bild vom hochherrschaftlichen Wohnstil, in dem seine Bewohner einst schwelgten, machen.

Mit höchstem Qualitätsanspruch und größtem Augenmerk selbst auf die kleinsten Details wurde vor wenigen Jahren mit Hilfe internationaler Experten das Interieur erneuert. Prunkräume wie das Wedgwoodkabinett, das Rokokozimmer und der Musensaal erstrahlen nun in neuem Glanz (unten). Der Museumsbereich (oben) umfasst vier moderne, mit zeitgemäßer Technik ausgestattete Ausstellungshallen.

AUKTIONSHAUS DOROTHEUM

Die Gegend zwischen Hofburg und Graben, Kohlmarkt und Kärntner Straße kennen die Wiener unter der Bezeichnung Antiquitätenviertel. Wer gerne in alten Dingen stöbert, findet hier in gut zwei Dutzend Läden vom Jugendstilglas bis zum gotischen Engel ein reichhaltiges Sortiment. Als einzigartig erweist sich der mitten in diesem Gassengeviert in einem prachtvollen Palais untergebrachte Hauptsitz des Dorotheums: Wiens im Jahr 1707 gegründetes Pfandleihhaus, das längst auch in den Bundesländern und im Ausland – in Brüssel, Düsseldorf, München, Mailand und seit 2009 auch in Rom – Dependancen unterhält, bietet Gelegenheit zu einem Einkaufsbummel der ganz besonderen Art. Denn hier finden sich Möbel, Teppiche, Porzellan, Waffen und Schmuck neben Spielzeug, Münzen, Briefmarken und Büchern, vor allem jedoch bildende Kunst aller Preis- und Qualitätsklassen.

Das Dorotheum ist heute das weltweit älteste der großen Auktionshäuser. Hier können Sammler und Kunstliebhaber im Rahmen der häufigen Versteigerungen, aber auch direkt im Freiverkauf wie im Geschäft, alle nur erdenklichen Objekte, rare Kostbarkeiten, aber auch recht erschwingliche Erinnerungsstücke erstehen. Etwa 600 Auktionen finden heutzutage jährlich im Auktionshaus Dorotheum statt.

PALAIS LOBKOWITZ

Das Palais, das schräg gegenüber der Albertina einem kolossalen Schiffsbug gleich in die Augustinerstraße ragt, lohnt aus zweierlei Gründen den Besuch. Zum einen wegen seiner grandiosen Pracht: Es war der erste bedeutende Palastbau nach der zweiten Türkenbelagerung im Jahr 1683, und sein Bauherr, Graf Dietrichstein, setzte dem Architekten, dem berühmten Tessiner Giovanni Pietro Tencalla, bei der Gestaltung und Ausstattung offenbar keine finanziellen Grenzen. Zum anderen ist das Palais, das bereits im Jahr 1687 fertiggestellt war und 1745 in den Besitz der Fürstenfamilie Lobkowitz überging, aber auch deshalb besuchenswert, weil es seit 1991 das Österreichische Theatermuseum beherbergt. Dieses gilt mit über 1,5 Millionen Exponaten als weltweit größtes seiner Art und bietet neben einer kleinen Dauerschau auch regelmäßig sehenswerte Sonderausstellungen.

Der Stuckdekor, die Deckenfresken und marmorinkrustierten Böden, die im Stiegenhaus und zum Teil auch in den Sälen und Salons der Beletage erhalten sind, zeugen von erlesenem Geschmack. Das Hauptportal und die Attika schuf um das Jahr 1710 Johann Bernhard Fischer von Erlach. Im Festsaal dirigierte Beethoven 1804 persönlich die Uraufführung seiner »Eroica«. Oben rechts: ein Raum des Theatermuseums.

KAPUZINERKIRCHE, KAISERGRUFT

Eine ebenso kuriose wie vielbesuchte Sehenswürdigkeit ist die Kaiser- alias Kapuzinergruft auf dem Neuen Markt: In den tiefen, traditionell von Kapuzinerpatres bewachten Gewölben zu Füßen der eher unscheinbaren Ordenskirche wurden seit dem frühen 17. Jahrhundert in insgesamt 138 Metallsärgen die habsburgischen Herrscher und ihre nächsten Angehörigen bestattet. Hier ruhen – in einem nach Art des Rokoko mit lebensgroßen Figuren üppig verzierten Doppelsarkophag – Maria Theresia und ihr Gemahl Franz Stephan von Lothringen. Gleich nebenan liegt der Reformkaiser Joseph II., seinem Wesen entsprechend in einem schlichten Kupfersarg. Außerdem fand Kaiser Franz Joseph I. hier seine letzte Ruhestätte, ebenso wie seine Gattin Elisabeth (»Sisi«), sein Sohn Rudolf, sein in Mexiko ermordeter Bruder Maximilian sowie, 1989 erst, Österreichs letzte Kaiserin: Zita.

KAPUZINERKIRCHE, KAISERGRUFT

Im Zentrum der Anlage, in der 146 Menschen – darunter zwölf Kaiser und 19 Kaiserinnen und Königinnen – bestattet wurden, steht der Doppelsarg von Maria Theresia und Franz Stephan (großes Bild). Balthasar Ferdinand Moll hat ihn als Prunkbett gestaltet, über dem ein Ruhmesengel den Triumph des Glaubens verkündet. Unten links blickt man in die Kuppel der Maria-Theresien-Gruft; oben rechts in die Kapuzinerkirche.

EINE SÜNDHAFT SÜSSE VERFÜHRUNG: SACHER

70 Tonnen Zucker, 60 Tonnen Schokolade, 35 Tonnen Marillenmarmelade, 30 Tonnen Mehl, 25 Tonnen Butter und eine Million Eier – solch gigantische Mengen werden Jahr für Jahr in der Konditorei des Café Sacher verbacken, um in Form von 270 000 Sachertorten vor Ort frisch verzehrt oder, gut konserviert, in alle Welt verschickt zu werden. Fast so legendär wie jene herrlich süße Verführung ist das gleichnamige Fünf-Sterne-Hotel. Es steht unmittelbar hinter der Staatsoper und wurde 1876 von Eduard Sacher, dem Sohn des Tortenerfinders, als *maison meublée* eröffnet. Das noble Haus, dessen plüschige Räume bis heute mit edlen Antiquitäten möbliert und kostbaren Originalgemälden geschmückt sind, zählte alsbald zu den hotelleristischen Wahrzeichen Wiens. In seinen Suiten und Separees verkehrten Aristokraten, Industrielle, prominente Schauspieler und Opernsänger, deren Unterschriften Eduards Witwe, die sagenumwobene, Zigarre rauchende Anna Sacher, auf Tischtüchern nachstickte. Das historische, äußerst behagliche Ambiente hat alle Zeitläufte überdauert. Doch was Komfort und technische Ausstattung betrifft, präsentiert sich die ehrwürdige Herberge längst auf zeitgemäßem Top-Niveau. Im Zug der jüngsten Generalrenovierung wurde dem Hotel sogar ein Dachgeschoss samt einem mondänen Spa aufgesetzt.

EINE SÜNDHAFT SÜSSE VERFÜHRUNG: SACHER

Die Sachertorte wurde im Jahr 1832 vom Koch-lehrling Franz Sacher erfunden, weil sein Brot-herr, Fürst Metternich, seine Gäste mit einem neuen Dessert überraschen wollte. Die Rezeptur unterliegt seither strenger Geheimhaltung (unten rechts). Vor dem Eingang stilgerecht empfangen, fühlt sich der Gast an der Rezeption, in der Blauen Bar (oben) und im Restaurant Rote Bar (unten Mitte) geborgen wie in einem Privatsalon.

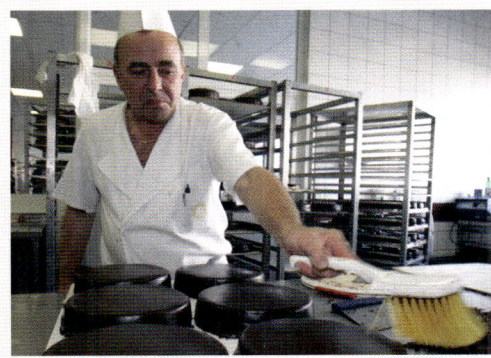

WIENER STAATSOPER

Wien als eine »Weltstadt der Musik« zu preisen, hieße Eulen nach Athen zu tragen. Maßgeblichen Anteil an der einschlägigen Reputation trägt die Staatsoper: Am 25. Mai 1869 in Anwesenheit von Kaiser Franz Joseph und Kaiserin Elisabeth mit Mozarts »Don Juan« feierlich eröffnet, wurde sie von illustren Direktoren wie Mahler, Strauss, Furt-wängler und Karajan geleitet. Als Hausorchester spielen allabendlich die Wiener Philharmoniker, auf der Bühne agieren regelmäßig internationale Top-Stars der Sangeszunft. Was freilich selbst Opernfans aus Mailand oder New York vor Neid er-blassen lässt, ist die Tatsache, dass hier zehn Mo-nate im Jahr, vom 1. September bis zum 30. Juni, fast täglich ein anderes Werk auf dem Programm steht, also ein immens aufwendiger Repertoire-betrieb gepflegt wird. Am Ende des Faschings lädt das »Haus am Ring« zum berühmten Opernball.

Die Wiener Staatsoper betört Besucher auch dank ihres schwelgerischen Ambientes. Das Treppenhaus und die Pausenräume (oben rechts: das Schwind-Foyer), vor allem aber der 2200 Personen fassende Zuschauerraum (oben links) bieten allabendlich den angemessenen Rahmen für musikalische Hochämter. Generalmusikdirektor der Staatsoper ist seit 1. September 2010 der in Linz geborene Dirigent Franz Welser-Möst.

DIE WIENER BALLSAISON: »ALLES WALZER!«

Rund 50 Opern und 20 Ballettwerke umfasst das Repertoire der Wiener Staatsoper in jeder Spielzeit, die stets vom 1. September bis zum 30. Juni dauert. Gesellschaftlicher Höhepunkt der Saison ist der jährlich am Donnerstag vor Aschermittwoch veranstaltete Opernball. Dann herrscht im hufeisenförmigen Zuschauerraum, in den rot-, gold- und elfenbeinfarbenen Logen, auf den Brettern der riesigen Bühne, aber auch in all den anderen schwelgerisch ausgestatteten Räumlichkeiten wie der Feststiege, dem Schwind-Foyer und Teesalon, mondänes Treiben. Bis in den frühen Morgen geben sich die Crème de la crème der Wiener Gesellschaft, aber auch hohe internationale Gäste – und in den letzten Jahren zusehends auch sattsam bekannte Gesichter der örtlichen »Seitenblicke«-Gesellschaft – hier ein fröhliches Stelldichein. Draußen am Ring pflegt die antikapitalistische Jugend gegen das Defilee der in Pelze und feines Flanell gehüllten Gäste zu demonstrieren. Innen markieren Fanfaren, der Einzug der Jungtänzer sowie die berühmte Aufforderung »Alles Walzer!« die Eröffnung des Festes. Und der ORF überträgt das Geschehen während etlicher Stunden live. Auf dass der »Ball der Bälle« auch dem Publikum vor den TV-Geräten das Gefühl gibt, in keiner anderen Stadt der Welt verstünde man ähnlich stil- und schwungvoll den Fasching zu feiern.

Bei den leutseligen Vorstadtbällen und »Gschnasen« – so die wienerische Bezeichnung für ein fröhliches Kostümfest – herrscht kein strikter Dress Code. Einzige Vorgabe ist höchstens die, sich originell zu kostümieren. Bei den repräsentativen Veranstaltungen hingegen wird elegante Garderobe verlangt – bei den Damen ein bodenlanges Abendkleid, bei den Herren Smoking oder Frack. Und schon kann's losgehen ...

AKADEMIE DER BILDENDEN KÜNSTE

Eine sträflich wenig besuchte museale Attraktion ersten Ranges bildet die am Schillerplatz, unweit des Opernrings beheimatete Akademie der Bildenden Künste, an der heute rund tausend Studenten eingeschrieben sind. Die Gemäldegalerie der Akademie fristet ein merkwürdiges Mauerblümchendasein, obgleich sie vorzügliche Werke aus fünf Jahrhunderten – unter anderem von Meistern wie Baldung, Bosch, Cranach, Murillo, Tizian, Rubens, Ruisdael und Rembrandt – besitzt und mit dem zugehörigen Kupferstichkabinett eine famose Sammlung von Grafiken und Zeichnungen ihr Eigen nennt. Sehr sehenswert ist übrigens auch der Bau selbst – eine im Stil der italienischen Hochrenaissance gestaltete Schöpfung des dänischen Ringstraßenarchitekten Theophil Hansen, deren Fassade frisch renovierte Fresken von August Eisenmenger sowie reizvolle Terrakottafiguren zieren.

Die bedeutendste Kostbarkeit der Galerie ist das Weltgerichtstriptychon von Hieronymus Bosch, dem schaurig-genialen spätmittelalterlichen Phantasten aus den Niederlanden (unten links, rechts und oben). Die säulenbestandene Aula der 1692 erstmals urkundlich anerkannten ältesten Kunsthochschule Mitteleuropas wurde in den Jahren 1875 bis 1880 von Anselm Feuerbach mit Deckenbildern versehen (unten Mitte).

PALMENHAUS, BURGGARTEN

Das der Augustinerbastei südlich angefügte Palmenhaus wurde von dem Hofarchitekten Friedrich Ohmann im Jahr 1901 als eine der letzten derartigen Konstruktionen aus Eisengerippe und Glas in Europa errichtet. Der elegante Bau trägt deutliche Züge der Übergangszeit vom Späthistorismus zum Jugendstil. In einem Teil verströmt ein Schmetterlingshaus tropische Atmosphäre. Ein anderer Teil beherbergt ein dank des speziellen Ambientes sehr populäres Szenelokal. Der vorgelagerte Burggarten, der sich bis hin zum Opernring erstreckt, wurde im Jahr 1819 als Privatrefugium für die Herrscherfamilie angelegt und erst 1919 »republikanisch«. Der Garten ist sorgsamst gepflegt und mit herrlichen Baumriesen und etlichen Denkmälern durchsetzt. Rund um den großen, von Enten bevölkerten Teich lagern im Sommer erholungssuchende Einheimische und Städtereisende im Gras.

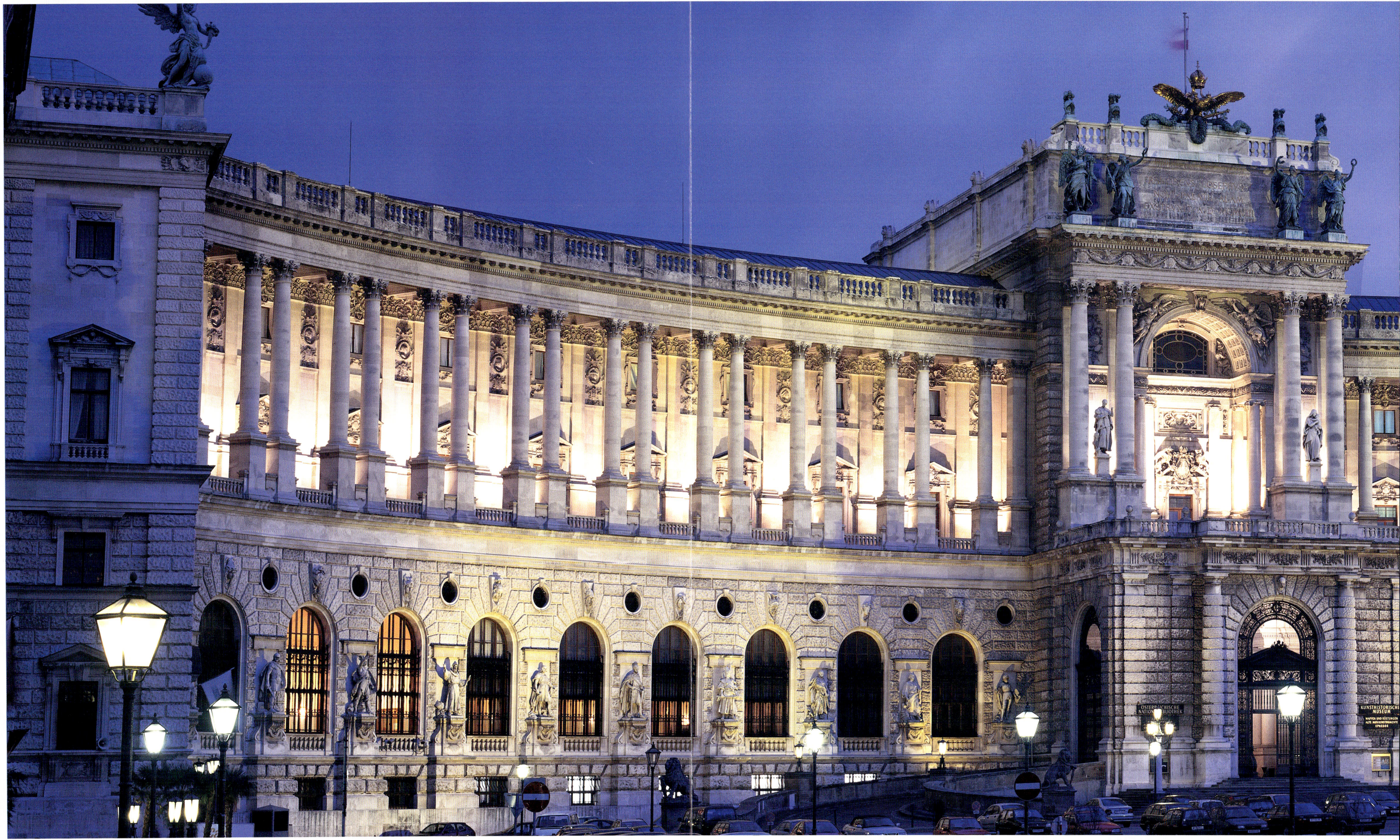

PALMENHAUS, BURGGARTEN

In Stein, Blei oder Bronze verewigt finden sich entlang der mäandrierenden Spazierwege des Burggartens beziehungsweise an seinen Rändern unter anderen Goethe, Mozart sowie die Kaiser Franz I. und Franz Joseph I. Der gastronomisch genutzte Teil im »Palmenhaus«, eine gelungene Mischung aus Café-Bar und Brasserie, lockt täglich bis weit in die Nacht mit Wiener und mediterraner Kost sowie vorzüglichen Weinen.

NEUE HOFBURG: HELDENPLATZ

Die riesige Freifläche westlich der alten Hofburg hieß ursprünglich einmal ganz profan »Parade-platz«, weil sie von der k. u. k. Armee zum Para-dieren und Exerzieren genutzt wurde. Im März 1938, unmittelbar nach Österreichs »Heimholung« ins deutsche Reich, erlangte sie traurige Berühmtheit, als Adolf Hitler sie als Kulisse für seine berühmt-berüchtigte Hetzrede vor Hunderttausenden von An-hängern missbrauchte. Die Neue Burg, die den

Platz im Osten halbkreisförmig einfasst, der jüngste Zubau der ehemaligen Kaiserresidenz, ist das Werk Gottfried Sempers und Carl von Hasenauers. Gemeinsam mit einem spiegelgleichen zweiten Flügel, einem mächtigen Quertrakt und Bogengän-gen als Verbindung zu den zwei Hofmuseen hätte es einmal das sogenannte Kaiserforum bilden sollen. Doch der Erste Weltkrieg vereitelte schließlich das gigantische Bauvorhaben.

NEUE HOFBURG: HELDENPLATZ

Die Bezeichnung »Heldenplatz« rührt her von den zwei Feldherren, die – beide hoch zu Ross – heute über die parkenden Autos und weitläufigen Rasenflächen wachen: Erzherzog Karl (unten), der Napoleon in der Schlacht bei Aspern (1809) die erste Niederlage auf dem Schlachtfeld zufügte, und der savoyardische Türkenbezwinger Prinz Eugen (oben rechts). Der Eingang zur Nationalbibliothek wird von einem Löwen bewacht.

NEUE HOFBURG: HOFJAGD, EPHESOS-MUSEUM, SAMMLUNG ALTER MUSIKINSTRUMENTE

Mehr als 600 Jahre lang diente die Hofburg den Habsburgern als Wohn- und Herrschaftssitz. Nach dem Zusammenbruch der Monarchie zogen in viele der Zimmerfluchten tagsüber Beamte, unter ihnen Österreichs oberster, der Präsident der Republik. Heute werden viele der Räumlichkeiten für Museen genutzt. Besonders gilt dies für die Neue Hofburg, jenen Trakt, der den Heldenplatz zum Südosten hin begrenzt. Hinter seiner halbrunden, mit mächtigen Säulen bestandenen Fassade sind mehrere Abteilungen des Kunsthistorischen Museums beheimatet, nämlich die Sammlung alter Musikinstrumente, das Ephesos-Museum und die Hofjagd- und Rüstkammer. Zudem finden sich hier an den Lesesaal der Nationalbibliothek grenzend, deren Papyrussammlung – übrigens die weltweit größte dieser Art – sowie, am nächsten zum Burgring, das Museum für Völkerkunde.

NEUE HOFBURG: HOFJAGD, EPHESOS-MUSEUM, SAMMLUNG ALTER MUSIKINSTRUMENTE

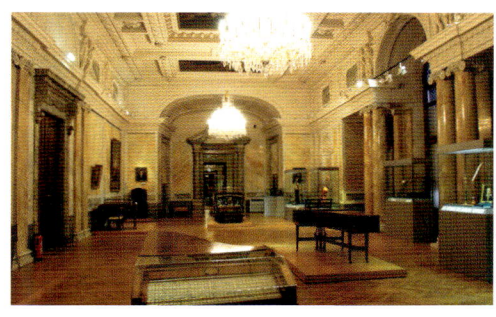

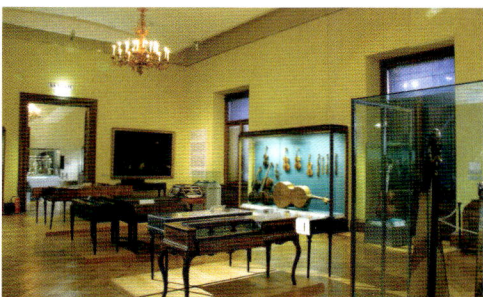

Im Ephesos-Museum (unten) dokumentieren eindrucksvolle Exponate, darunter ein rund 40 Meter langes Reliefteil, Österreichs archäologisches Engagement in der gleichnamigen kleinasiatischen Ruinenstadt. Nahezu alle westeuropäischen Herrscherhäuser sind in der Hofjagd- und Rüstkammer mit Harnischen, Waffen und Sätteln vertreten. Oben: in der Sammlung alter Musikinstrumente.

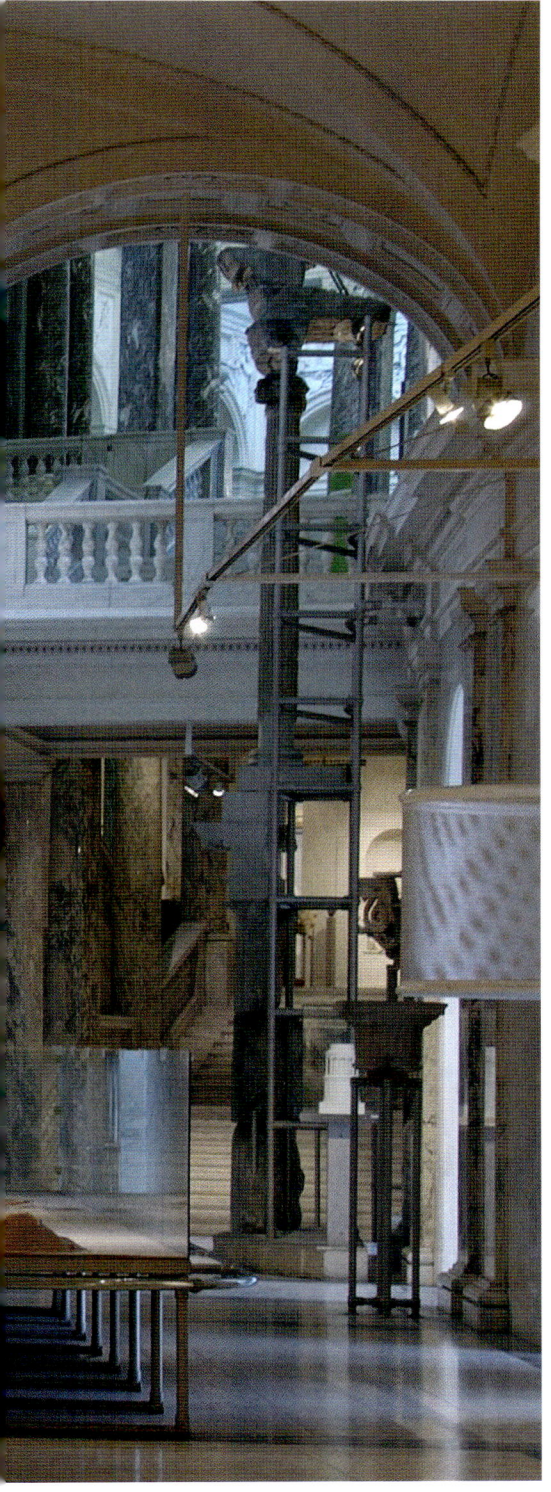

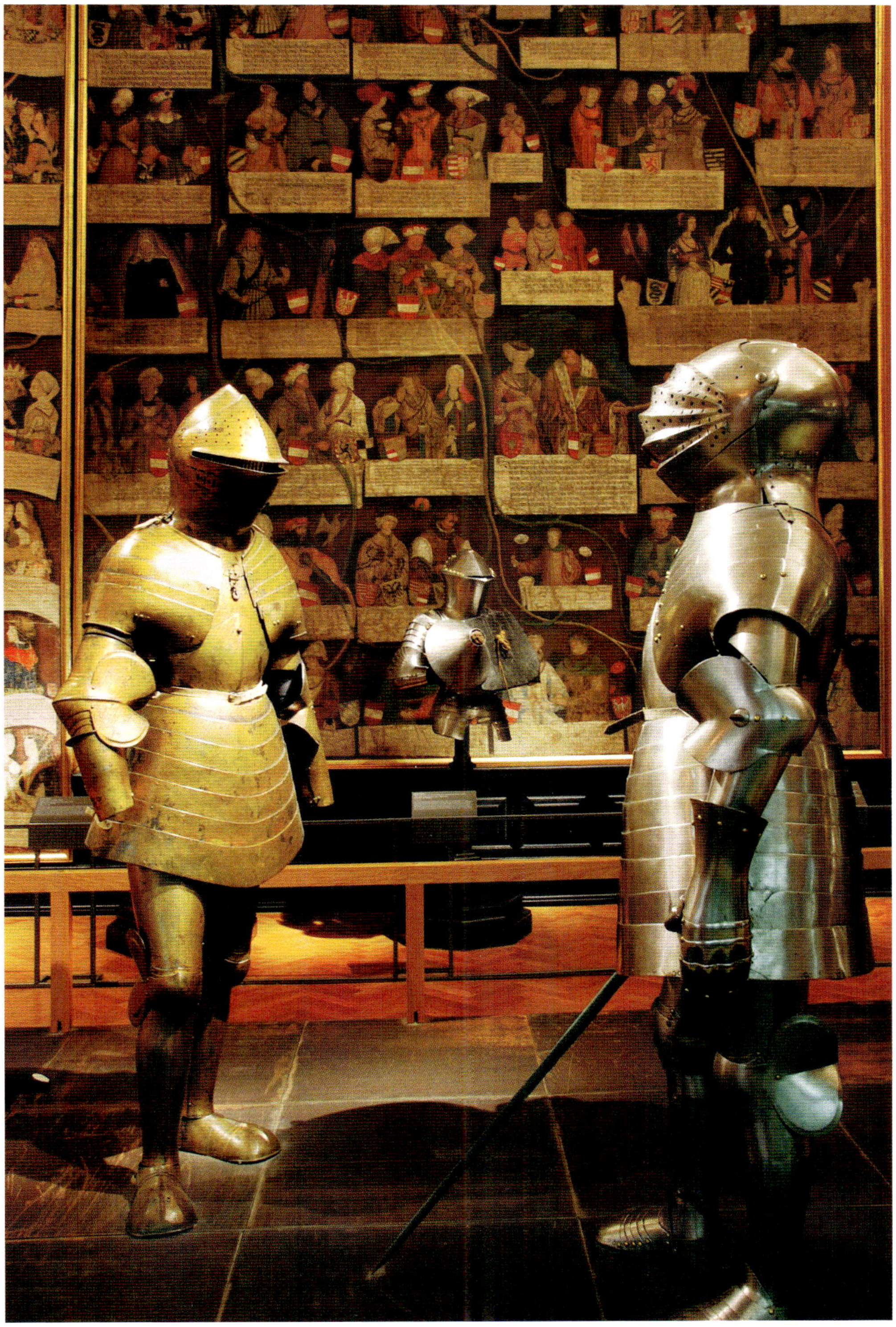

KUNSTHISTORISCHES MUSEUM

Die Gebäude des Kunsthistorischen und des Naturhistorischen Museums am Burgring wurden Anfang der 1870er-Jahre von Gottfried Semper und Karl von Hasenauer entworfen. Äußerlich stimmen sie völlig überein, was selbst bei Kennern gelegentlich zur Verwechslung führt. Doch ihre Inhalte könnten unterschiedlicher kaum sein: So nennt das vom Ring aus betrachtet linke Gebäude des Museumszwillings, das Kunsthistorische, eine der kostbarsten Gemäldegalerien sein Eigen. Kaum ein alter Meister, von Dürer, Breughel, Rembrandt und Rubens bis Velázquez, Tizian und Tintoretto, der hier nicht mit mehreren Hauptwerken vertreten wäre. Hinzu kommen das Münzkabinett, die Antiken- und die Ägyptisch-Orientalische Sammlung sowie jene für Plastik und Kunstgewerbe, die einmalige Schätze aus den »Kunstkammern« von Rudolf II. und Erzherzog Ferdinand II. von Tirol enthält.

Das Kunsthistorische Museum beherbergt nicht nur Kunstwerke aus sieben Jahrtausenden, vom Alten Ägypten bis zum Ende des 18. Jahrhunderts, sondern ist auch selbst ein Kunstwerk. Im – unter anderem von Ernst und Gustav Klimt ausgemalten – Treppenhaus dominiert eine marmorne Theseusgruppe von Antonio Canova. Der Kuppelsaal dient als Café. Die Gemäldegalerie birgt alte Meister aus ganz Europa.

DIE UNGEKRÖNTE KAISERIN: MARIA THERESIA

Sie war eine der imposantesten Herrscherpersönlichkeiten Europas und die einzige Frau, die jemals dem Haus Habsburg vorstand. Dank der »Pragmatischen Sanktion« 1740 zur Nachfolgerin ihres Vaters Karl VI. bestimmt, war sie selbst keine gekrönte Kaiserin. Vielmehr trug sie den Titel ihres innigst geliebten Gatten, des um neun Jahre älteren, 1745 gekrönten Franz Stephan von Lothringen. Von einer Reihe ausgezeichneter Ratgeber unterstützt, leitete Maria Theresia die Regierungsgeschäfte autoritär, aber mit viel Menschenverstand. Ihre Ära war durch tief greifende Reformen geprägt, die in sämtlichen Ländern des Vielvölkerstaates eine markante Modernisierung bewirkten: So ließ sie – eine Mutter von 16 Kindern, von denen zehn das Erwachsenenalter erreichten – Verwaltung und Militärwesen reformieren und straff organisieren. Parallel wurde die Lage der Bauern verbessert, die allgemeine Schulpflicht eingeführt, die Folter abgeschafft und der Einfluss der Kirche maßgeblich verringert. Bei ihrem Tod wurde die Kaiserin, deren unerschütterliches Gottvertrauen tief im österreichischen Barockkatholizismus wurzelte, vom Volk nur wenig betrauert. Erst später stieg sie zum Symbol für eine tatkräftige, mit großer Mütterlichkeit wirkende Regentin auf, der ihre Untertanen in mehreren Städten der Monarchie Denkmäler errichteten.

DIE UNGEKRÖNTE KAISERIN: MARIA THERESIA

Gleichsam als absolutistische Urmutter des Wiener Barock thront Maria Theresia zwischen Kunst- und Naturhistorischem Museum auf dem größten aller ihr zugedachten Denkmäler. Es wurde 1874 bis 1888 nach Plänen Carl Hasenauers von Kaspar Zumbusch errichtet und zeigt - selbstredend zu Füßen der Kaiserin – ihren Leibarzt van Swieten sowie ihre wichtigsten hochadeligen Berater und Feldherren.

Das Naturhistorische ist wie sein der Kunst gewidmetes Gegenüber im Stil der Neorenaissance erbaut und verfügt ebenfalls über vier Geschosse, zwei Innenhöfe, einen großen achteckigen Kuppelturm und vier kleinere offene Nebenkuppeln. Eines der wenigen Unterscheidungsmerkmale sind die Statuen auf den zentralen Kuppeln, trägt es doch auf seiner Spitze den Sonnengott Helios, während vis-à-vis Pallas Athene wacht. In seinen 39 Sälen birgt es eine der größten naturwissenschaftlichen Sammlungen Europas mit Mineralien und Meteoriten, Fossilien, Skeletten sowie zeitgenössischen Tier- und Pflanzenarten. Zu den bedeutendsten Schätzen zählen die »Venus von Willendorf«, eine der ältesten Plastiken der Menschheitsgeschichte, ein 117 Kilogramm schwerer Riesentopas und das 13 000-bändige »Wiener Herbarium« mit seinen rund 21,5 Millionen botanischen Exemplaren.

Die hohen Räume des Museums haben nicht nur ästhetische Gründe: Zur von Kaiser Franz I. gegründeten Sammlung gehören mehrere Dinosaurierskelette in Originalgröße, darunter das eines 17 Millionen Jahre alten Hauerelefanten und eines Flugsauriers, ein 27 Meter langer Skelettabdruck, präparierte Riesenechsen sowie, in der Zoologischen Sammlung, eine herrliche Kollektion heimischer und exotischer Vögel.

PARLAMENT, PALLAS-ATHENE-BRUNNEN

Das an den Rathauspark angrenzende, gegenüber dem Volksgarten sich erhebende Parlament würdigen viele als das schönste und künstlerisch wertvollste Ringstraßengebäude. Sein Schöpfer, der dänisch-österreichische Architekt und Baumeister Theophil Hansen (1813–1891), von dem auch die Entwürfe für den erst nach seinem Tod vollendeten Pallas-Athene-Brunnen stammen, wies, indem er für diesen symbolhaften Bau den Stil eines griechischen Tempels wählte, unmissverständlich auf die Geburtsstätte der Demokratie hin. Der ursprünglich 1873 bis 1883 errichtete Komplex, der aus einer zentralen, von 24 Marmorsäulen getragenen Peristylhalle und zwei beiderseits anschließenden Sitzungssälen besteht, wurde nach Zerstörungen im Zweiten Weltkrieg wiederhergestellt; seit 1956 tagen darin erneut die beiden Kammern des österreichischen Parlaments, der National- und der Bundesrat.

Eine Brunnenstatue der Weisheitsgöttin Pallas Athene bewacht das über einer elegant geschwungenen Rampe errichtete Parlament. Flankiert wird sie von allegorischen Statuen der Legislative und Exekutive. Die Liegefiguren zu ihren Füßen symbolisieren die Hauptflüsse der einstigen Donaumonarchie – Elbe, Moldau, Donau und Inn. Etwas abseits prangen auf hohen Sockeln bronzene Rossebändiger.

VOLKSGARTEN

Er verdankt seine Existenz eigentlich den Franzosen, die im Jahr 1809 bei ihrem Abzug die Burgbastei sprengten. Das Areal wurde nicht mehr bebaut, also konnte man den Volksgarten dort anlegen – ein Erholungsraum für die Einheimischen, den man im März 1823 feierlich eröffnete. Prägende Elemente der gepflegten Anlage sind der im Frühsommer prachtvoll blühende Rosengarten und der Theseustempel. Letzterer wurde in den Jahren 1819 bis 1823 nach Entwürfen Peter von Nobiles erbaut und barg bis zu deren Übersiedlung ins Treppenhaus des Kunsthistorischen Museums Antonio Canovas Theseusgruppe. Ebenfalls von Nobile stammte der örtliche Kaffeesalon, in dem Johann Strauß 1867 den Donauwalzer uraufführte. Jüngeren Datums sind die achteckige Milchtrinkhalle und der 1951 von Oswald Haerdtl gestaltete Milchpavillon, der zum schicken Tanztempel umfunktioniert wurde.

Der nach Plänen Ludwig von Remys gestaltete Volksgarten war ursprünglich als privates Refugium für die Erzherzöge gedacht, wurde aber sofort nach seiner Fertigstellung als erster Park in Hofbesitz der Öffentlichkeit zugänglich gemacht (oben). Unten links und rechts: die zentral platzierte Renaissance-Fontäne und die im Jahr 1921 von Josef Müllner geschaffene Bronzeskulptur »Jugendlicher Athlet«.

RINGSTRASSE

Den Anstoß gab der Fall der Mauer. Nicht der von Berlin, sondern der von Wien, gut 130 Jahre zuvor. Moderne Militärtechnik hatte den steinernen Festungsgürtel überflüssig gemacht. Ergo verfügte Kaiser Franz Joseph dessen Schleifung. Auf diese Weise entstand »der Ring« – ein mehr als vier Kilometer langer, knapp 60 Meter breiter Boulevard, der – in neun Abschnitte gegliedert und von zwei Seitenalleen gesäumt – das Herz der Stadt umschließt.

Am 1. Mai 1865 wurde dieses einzigartige städtebauliche Gesamtkunstwerk feierlich eröffnet. Seinen – abends effektvoll illuminierten – Prachtbauten auf einem Rundgang die Parade abzunehmen, gehört seither zu den schönsten »Pflichtübungen« für jeden Wien-Besucher. Besonders eindrücklich ist der westliche Abschnitt, an dem Parlament, Rathaus, Burgtheater, Universität, Votivkirche und Börse eine architektonische Perlenkette bilden.

Um die vielen am Ring gelegenen Sehenswürdig-keiten wie die Staatsoper (unten) und das Wie-ner Rathaus (oben links) zu betrachten, bietet sich eine Fahrt mit der Ringstraßenbahn (oben rechts) an, die selbst ein Bestandteil der glorrei-chen Geschichte dieses prächtigen Boulevards ist. Für die Gestaltung der repräsentativen Ring-bauten wurden rund 80 Architekten aus etwa 400 internationalen Bewerbern ausgewählt.

1. BEZIRK: RATHAUS, BURGTHEATER UND NÖRDLICHE ALTSTADT

Die wohl berühmteste Sprechbühne des deutsch-sprachigen Raumes und der neogotische Sitz der Wiener Stadtregierung bilden mit Börse, Universität und Votivkirche die architektonischen Marksteine im nordwestlichen Abschnitt der Ringstraße. Doch auch innerhalb der Altstadt, zwischen Volksgarten, Donaukanal und der Achse Kohlmarkt-Tuchlauben, finden sich etliche Sehenswürdigkeiten. Dazu gehören die Plätze Freyung und Hoher Markt, die Kirchen der Minoriten, der Schotten sowie Maria am Gestade und die Kernzone des Jüdischen Wien zwischen Seitenstettengasse und Judenplatz.

Der Rathausplatz hat sich zu einem beliebten Veranstaltungsort gemausert. Im Sommer werden hier kostenfrei Opern- und Konzertfilme gezeigt. Winters verzaubert ein Christkindlmarkt Groß und Klein, später drehen Eisläufer mit Blick auf das Burgtheater ihre Schleifen.

RATHAUS

Ein besonderes Schmuckstück der Ringstraßen-
architektur ist das Neue Rathaus. Es steht direkt
gegenüber dem Burgtheater und wurde von seinem
Schöpfer Friedrich Schmidt, dem damaligen Dom-
baumeister zu St. Stephan, in Erinnerung an Wiens
einstigen Status als freie mittelalterliche Kommune
im neogotischen Stil mit Spitzbogenfenstern, Log-
gien, Balkonen, einem zentralen, 81 mal 35 Meter
großen Arkadenhof und überreichem plastischen

Schmuck errichtet. Sein Bau konnte erst im Jahr
1870, nachdem sich die Armee gegen eine hohe Ent-
schädigungssumme aus dem Stadterweiterungs-
fonds bereit erklärt hatte, ihren zentralen Exerzier-
platz zu räumen, in Angriff genommen werden.
1883 wurde das Rathaus, auf dessen knapp 98 Meter hohem Turm eines der Wahrzeichen der Stadt,
der aus Kupfer getriebene, 1,8 Tonnen schwere
Rathausmann, thront, feierlich eröffnet.

Ein wahres Prunkstück ist der 20 Meter breite und 18,5 Meter hohe Festsaal des Rathauses (oben rechts; links die Haupttreppe): 71 Meter liegen zwischen den beiden Orchesternischen an den Stirnseiten. An drei Seiten wird der Saal vor einer Galerie gesäumt, die vierte Seite öffnet sich über eine Loggia zum Rathausplatz, den alljährlich in der Adventszeit ein Christkindlmarkt in Beschlag nimmt (rechte Bildleiste).

BURGTHEATER

Gleichfalls an der Ringstraße erhebt sich ein weiterer legendärer Tempel der Hochkultur: Unter Wiens Sprechtheatern nimmt seit nun schon weit über 100 Jahren das Burgtheater unbestritten die Führungsrolle ein. Nahezu im Rang eines Nationalheiligtums, widmet es sich im Verbund mit den ihm zugehörigen Nebenbühnen, dem Akademietheater und dem Kasino am Schwarzenbergplatz, der Pflege des klassischen wie des zeitgenössischen Theaters auf allerhöchstem Niveau. Vor allem in den 1990er-Jahren unter der Leitung von Claus Peymann hatte so manche Kontroverse zwischen dem scharfzüngigen Prinzipal, Mitgliedern des Ensembles und dem teilweise eher konservativen Publikum eine durchaus belebende Wirkung – und bewies vor allem, zu welch geradezu hysterischer Anteilnahme hierorts Theaterfreunde noch auf Ereignisse an »ihrer Burg« zu reagieren in der Lage sind.

Bei Inszerierungen im Haupthaus am Ring sind der Fantasie kaum Grenzen gesetzt. Unten rechts: Mira Partecke, Elfriede Rezabek und Karin Witt (im Video) bei einer Aufführung der Ready-made-Oper »Mea Culpa« des 2010 verstorbenen Regisseurs Christoph Schlingensief. Unten links: Alexander Scheer, Wolfram Koch and Petra Morze in Stefan Puchers Inszenierung von Shakespeares »Antonius und Cleopatra«.

BALLHAUSPLATZ, BUNDESKANZLERAMT

Dieser Ort ist den Österreichern ein Synonym für politische Macht: der Ballhausplatz! Seit mehr als 250 Jahren wird nun schon hier im heutigen Bundeskanzleramt – jenem schönen Adelspalast, der das trapezoide, zum Volksgarten und Heldenplatz hin offene Geviert im Norden begrenzt – hohe Politik betrieben. Als der Bau noch »Geheime Hofkanzlei« hieß, flochten dort mächtige Kanzler wie Graf Kaunitz oder Fürst Metternich ihre machtpoliti-

schen Intrigen. Nach Napoleons Ende rangen Europas Chefdiplomaten – um Grenzen feilschend und Walzer tanzend – um die Neuordnung des Kontinents, 1934 wurde der konservativ-autoritäre Kanzler Dollfuß von Nationalsozialisten ermordet, 1940 zog Wiens NS-Gauleiter Schirach ein. Seit Kriegsende walten am Ballhausplatz, lupenrein demokratisch legitimiert, der Bundeskanzler der Republik und sein Büroapparat ihres Amtes.

BALLHAUSPLATZ, BUNDESKANZLERAMT

Das Bundeskanzleramt (im Bild oben links) wurde 1717 bis 1719 nach Plänen Johann Lukas von Hildebrandts als Geheime Hofkanzlei erbaut und knapp 50 Jahre später von Nikolaus Pacassi erweitert. Das Gebäude gegenüber, ein Teil der Hofburg, fungiert heute als Bundespräsidentschaftskanzlei. Das Areal am Volksgarten eignet sich auch als Ort temporärer Installation (unten: »elektronische Speakers Corner«).

MINORITENPLATZ, MINORITENKIRCHE

Als Herzog Leopold VI. im Jahr 1219 auf dem Rückweg vom Fünften Kreuzzug in Assisi Station machte, bat er den heiligen Franziskus, ihm Minoritenbrüder zu schicken. Wenig später trafen in Wien vier »fratres minores« ein, erhielten nahe der Ringmauer ein Grundstück und gründeten dort Kloster und Kirche, die jedoch in der Folge zweimal abbrannten, weshalb im 14. Jahrhundert nach dem Schema französischer Kathedralarchitektur die heutige Hallenkirche entstand. Als Joseph II. 1782 neben anderen Orden auch die Minoriten absiedelte, wurde ihr Gotteshaus zur italienischen Nationalkirche erklärt und Maria Schnee geweiht. Erst seit 1957 ist sie erneut unter der Obhut der Franziskaner. Besonders sehenswert sind – neben mehreren Barockgemälden – die Mosaikkopie von Leonardos berühmtem »Abendmahl« sowie, an der Westfassade, das gotische Hauptportal.

Umstellt vom Außen-, Innen- und Unterrichtsministerium, dem Palais Niederösterreich und dem Bundeskanzleramt, bildet die Minoritenkirche inmitten des Regierungsviertels gleichsam eine mittelalterliche Insel. Ihr Turm wurde bei den beiden Türkenbelagerungen 1529 und 1683 in Mitleidenschaft gezogen, doch jedes Mal wiederhergestellt. Den zerstörten Helm aber ersetzte man durch ein Flachdach.

HERRENGASSE

Adelige, Ritter, Kleriker – diese »Herren« sind die Namenspatrone jener schnurgeraden Straße, die dem Verlauf der römischen Limesstraße folgend den Michaelerplatz mit der Freyung verbindet. Als Standesvertreter Niederösterreichs, das seit alters her von Wien aus regiert wurde, ließen sie sich im 16. Jahrhundert in diesem Straßenzug ein prächtiges Versammlungshaus bauen. Wie sie suchten damals auch viele Vertreter der Hocharistokratie die unmittelbare Nähe zur Hofburg. Das Resultat: ein Spalier aus eleganten Palais', das bis heute, inzwischen mehrheitlich von Ministerien genutzt, die Herrengasse säumt: Herberstein, Wilczek, Mollard, Ferstel, Batthyány, Trauttmansdorff. Die Liste der Bauherren liest sich wie ein k.u.k.-Gotha. Buchstäblich herausragend: das 1931/1932 von den Architekten Theiss & Jaksch entworfene, mit 14 Etagen älteste Hochhaus der Stadt (Herrengasse 6–8).

Ein Schmuckstück der Herrengasse ist auch das Landhaus, das seit dem Umzug der Regierung nach St. Pölten »Palais Niederösterreich« heißt. Mit dessen Sturm begann im März 1848 die Revolution. Im Sitzungssaal (rechte Seite unten: Deckengemälde von Antonio Beduzzi) tagte 1918 erstmals der Nationalrat der neuen Republik. Unten links: der Prälatensaal. Oben: Fassade und Hof des Palais Daun-Kinsky auf der Freyung.

PALAIS FERSTEL

Eine bemerkenswerte Adresse ist das Palais Ferstel, das die riesige Bauparzelle zwischen Freyung, Strauch- und Herrengasse einnimmt. Der nach seinem Schöpfer, dem Ringstraßenarchitekten Heinrich von Ferstel (1828–1883), benannte Komplex wurde in den Jahren 1856 bis 1860 als Sitz der Österreichisch-Ungarischen k. und k. Nationalbank errichtet und barg unter seinem Dach auch die Wiener Börse, ein Kaffeehaus sowie einen Basar.

Die Börse zog 1877, die Nationalbank 1925 aus. Wiederauferstanden sind, nachdem man das im Zweiten Weltkrieg schwer beschädigte Palais Mitte der 1970er-Jahre von Grund auf saniert hatte, der Basar – heute eine elegante Einkaufspassage – und jenes legendäre Café namens Central, in dem sich um die Wende zum 20. Jahrhundert auch viele Literaten, Politiker und Philosophen gern allabendlich ein Stelldichein gaben.

In der Geschäftspassage des Palais Ferstel ist der Durchgang erfreulicherweise »auf Widerruf gestattet« – zum Glück nicht nur für die Passagengänger, sondern auch für die dort ansässigen gediegenen Kunsthandwerks-, Antiquitäten- und Souvenirläden. Am Ende weitet sie sich zu einem vor einer Glaskuppel überwölbten Arkadenhof. In dessen Mitte steht der von Anton Fernkorn gestaltete Donaunixenbrunnen.

FREYUNG

Auf dem dreieckig angelegten Platz im Westen der Wiener Altstadt wurden im Mittelalter regelmäßig Jahrmärkte abgehalten. Der Name des Platzes leitet sich von der »Freistatt« ab – ein Hinweis darauf, dass das hiesige Schottenstift einst berechtigt war, Verfolgten Asyl zu gewähren. In seiner klösterlichen Gemäldesammlung steht jener spätgotische Flügelaltar, auf dem die älteste erhalten gebliebene Stadtansicht Wiens zu bewundern ist.

Die Schottenkirche bildet bis heute das dominierende Bauwerk auf dem Platz. In ihrem Umfeld ließen sich im 17. und 18. Jahrhundert Adelsfamilien prächtige Paläste errichten. Namhafteste Beispiele sind die Palais Kinsky (Freyung Nr. 4), Harrach (Freyung Nr. 3) und Ferstel (Freyung Nr. 2). Einen Brennpunkt der zeitgenössischen Kunstszene bildet das ob seiner hochkarätigen Ausstellungen geschätzte Kunstforum (Freyung Nr. 8).

Die Freyung am Schnittpunkt von Herren-, Renn- und Schottengasse ist bekannt für den hier zur Advents- und Osterzeit abgehaltenen, überaus stimmungsvollen, weil weitgehend kitschfreien Kunsthandwerksmarkt. In der Platzmitte erhebt sich seit dem Jahr 1846 der von Ludwig Schwanthaler gestaltete Austriabrunnen. Früher stand am Platz das Hotel Römischer Kaiser, in dessen Konzertsaal auch Beethoven auftrat.

SCHOTTENSTIFT, SCHOTTENKIRCHE

Zunächst gilt es ein Missverständnis aufzuklären: Als im Jahr 1155 der Babenberger Herzog Heinrich II. Jasomirgott zwecks Gründung eines Klosters Benediktinermönche aus Regensburg nach Wien holte, handelte es sich um Iren. Die grüne Insel hieß damals »Scotia maior« – mit »Schotten« haben das gleichnamige Stift und die Kirche auf der Freyung nichts zu tun. Zudem hat der heutige, im Kern gotische Komplex mit den Gründerbauten kaum noch mehr als die Fundamente gemein. Was freilich nichts an der historischen Bedeutung des Schottenstifts als Zufluchtsort für Asylsuchende und Sitz eines bis heute sehr angesehenen Elitegymnasiums ändert. Von künstlerischem Belang ist neben der Kirche speziell die Gemäldesammlung. Diese zeigt neben diversen neuzeitlichen Werken 19 Tafeln des berühmten spätgotischen, von zwei »Schottenmeistern« gemalten Flügelaltars.

Der von Andrea Allio und Silvestro Carlone barockisierte Kirchenraum birgt bedeutende Kunstwerke: Altarblätter etwa von Tobias Pock und Joachim Sandrart oder ein Denkmal für Graf Rüdiger von Starhemberg. Der Verteidiger Wiens gegen die Türken ruht neben Herzog Jasomirgott und dem Barockmaler Paul Troger in der Krypta. Der Hochaltar (1883) war die letzte Arbeit des Ringstraßenarchitekten Heinrich Ferstel.

JÜDISCHES WIEN

Das geistige Zentrum von Wiens jüdischer Gemeinde, deren Geschichte bis tief ins Mittelalter zurückreicht, markiert der zwischen Hof und Hohem Markt gelegene Judenplatz. Hier befanden sich im Mittelalter die Hauptsynagoge, die Badestube und das Spital, die wichtigste Talmudschule sowie das Haus des Rabbi. Heute stehen auf dem von jeglichem motorisierten Verkehr befreiten Platz sowohl das Denkmal für den Aufklärer Gotthold Ephraim Lessing als auch das in Form einer Bibliothek aus Stein an die Ermordung von 65 000 österreichischen Juden erinnernde Holocaust-Mahnmal der englischen Bildhauerin Rachel Whiteread. In der nahen Seitenstettengasse erhebt sich der 1825/1826 errichtete Stadttempel der Israelitischen Kultusgemeinde, ein klassizistischer Bau von Joseph Kornhäusel (1782 bis 1860). Er ist – wohl weil er zur Straße hin mit einem gewöhnlichen Profanbau kaschiert ist – als einziger der vormals 24 Wiener Synagogen in der Reichskristallnacht im November 1938 von den brandschatzenden Naziorden verschont geblieben. Bevorzugte Wohngegend der heute in Wien ansässigen Juden, deren Zahl auf 10 000 bis 12 000 geschätzt wird, ist der zweite Bezirk, die Leopoldstadt. Hier gibt es wieder eine zwar noch kleine, aber stetig wachsende Infrastruktur mit koscheren Läden, jüdischen Schulen sowie neuen Bet- und Kulturhäusern.

Die Lessingstatue wacht über das Holocaust-Mahnmal, das auch die Namen der 45 größten Vernichtungsstätten und Konzentrationslager aufzählt, in denen österreichische Juden getötet wurden, darunter Auschwitz, Buchenwald und San Sabba. Der Stadttempel (oben) wurde in einem Hof errichtet, da eine im Vormärz geltende Bauvorschrift »die Errichtung nicht-katholischer Gotteshäuser direkt an der Straße« untersagte.

HOHER MARKT

Der nur zwei, drei Gehminuten nördlich vom Stephansdom gelegene Hohe Markt bildete das gesamte Mittelalter hindurch das soziale und wirtschaftliche Zentrum der Stadt. Hier befand sich neben Zunft- und Bürgerhäusern die Schranne, der Sitz des Stadt- und Landgerichts von Wien, samt Pranger und Richtstätte. Die letzte Exekution auf diesem Platz fand im Jahr 1703 statt, die Gerichtsurteile wurden aber noch bis zum Jahr 1839 vom Balkon der Schranne verkündet. Unter dem Pflaster dieses lang gestreckten Gevierts kann man Wiens römische Wurzeln erkunden. Dort haben Archäologen Reste der Siedlung Vindobona entdeckt. Im kürzlich erst neu adaptierten Römermuseum tief unter der Erde lassen sich diverse Mauerfragmente besichtigen. Außerdem bekommen Besucher dort allerlei Wissenswertes über Alltag und Architektur vor knapp 2000 Jahren erläutert.

Hauptattraktion auf dem Hohen Markt ist die 1911 nach Plänen des Malers Franz von Matsch erbaute Ankeruhr (unten), die für ihre jeden Mittag von Orgelmusik begleitete Figurenparade bekannt ist. Antonio Corradinis Skulpturenschmuck am von Leopold I. gestifteten, vom Hofarchitekten Johann Bernhard Fischer von Erlach gestalteten Vermählungsbrunnen (oben) allegorisiert die Hochzeit von Maria und Joseph.

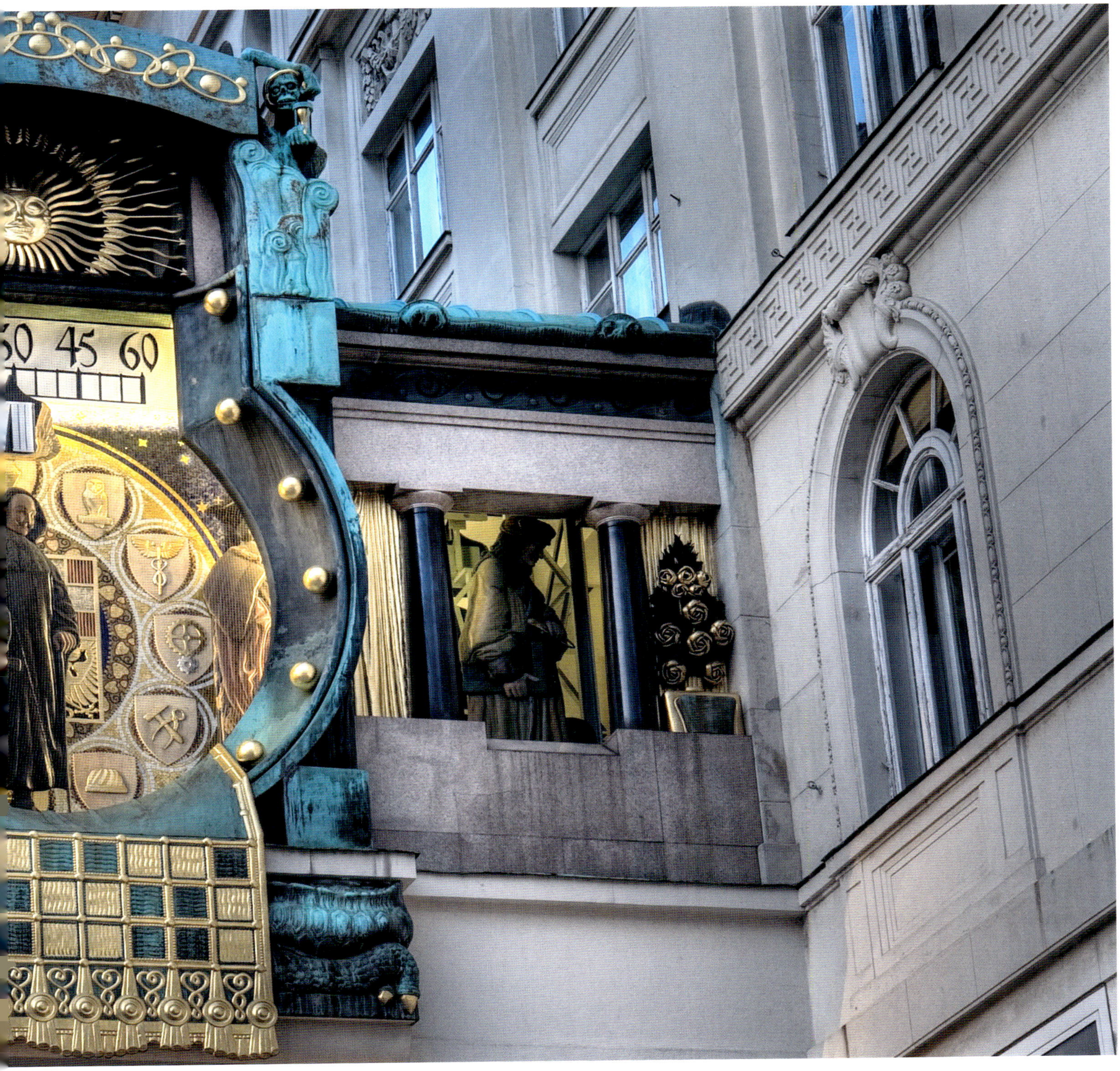

3. UND 4. BEZIRK: LANDSTRASSE, WIEDEN

Als imposantes Zeugnis einstiger imperialer Macht erhebt sich an der Südostecke des vom Verkehr umbrausten Karlsplatzes die gleichnamige Kirche. Die Gassen, die von dem Gotteshaus in Richtung Westen, zum Wiental hin, verlaufen, sind gespickt mit Bars, Lokalen, schrägen Boutiquen und Kunst-handwerksläden. An ihrem Ende erstreckt sich der Naschmarkt als »Bauch von Wien«. Ziemlich nobel gibt sich das östlich angrenzende Wohn- und Botschaftsviertel, in dessen Umfeld zwei Hauptsehenswürdigkeiten der Stadt locken, das Belvedere sowie Hundertwassers Wohn- und Kunsthaus.

Festlich erleuchtet spiegelt sich die Karlskirche im vorgelagerten Bassin, an dem auch Henry Moores Plastik »Hill Arches« zu bewundern ist. Östlicherseits grenzt das Wien-Museum an, ein ästhetisch bis heute umstrittener, aber gern und viel besuchter Plattenbau aus der Nachkriegszeit.

WIENER KONZERTHAUS, AKADEMIETHEATER

Wiens zweiter wichtiger Ort für Konzertveranstaltungen neben dem Musikverein ist das Konzerthaus. Es wurde kurz vor Ausbruch des Ersten Weltkriegs nach Plänen der monarchieweit omnipräsenten Theaterarchitekten Ferdinand Fellner und Hermann Helmer in einer Mischung aus Historimus und Jugendstil errichtet. In seinem Osttrakt birgt das Gebäude, welches dort an das Areal des Eislaufvereins grenzt, den Großen und zwei kleinere Säle.

Diese genießen international insbesondere als Aufführungsorte Neuer Musik, aber auch für Jazz einen hervorragenden Ruf und sind die Heimstatt der formidablen Wiener Symphoniker. Im Westtrakt logieren diverse Abteilungen der Universität für Musik und darstellende Kunst sowie das Akademietheater – jene Dependance der »Burg«, die vorrangig Kammerspiele, intimere Mehrpersonenstücke und Lesungen auf dem Programm hat.

Das Akademietheater wurde 1922 als Zweitbühne der »Burg« installiert. Es hat wie das Haupthaus zehn Monate im Jahr Abend für Abend verschiedene Stücke auf dem Programm. Sein Ensemble rekrutiert sich aus Burgschauspielern. Unten: Birgit Minichmayr in Horvaths »Geschichten aus dem Wienerwald« und Juris Baratinskis in »Väter« von Alvis Hermannis. Oben: Auf »gute Geister« hofft man am und im Konzerthaus.

KUNSTHAUS WIEN, HUNDERTWASSER-KRAWINA-HAUS

In einer unscheinbaren Gasse im dritten Bezirk steht jenes merkwürdige Haus, das in der aktuellen Liste der meistbesuchten Attraktionen gleich hinter dem Stephansdom und Schönbrunn rangiert. Sein Schöpfer, Friedensreich Hundertwasser, stellte dabei optisch alles Gewohnte auf den Kopf: Er durchsetzte Mauern und Kanten mit krummen Linien und Buckeln, schuf schiefe Böden, ließ Balkone und Dächer mit Bäumen bepflanzen und dekorierte die Fassade mit grellbunten Tropfen, Kringeln und Kachelmosaiken. Unter all dem Zierat verbergen sich freilich wie bei jedem anderen Wohnbauprojekt ein Betonrahmen und verputztes Mauerwerk. Gleiches gilt für das nahe gelegene KunstHaus Wien, auf dessen 3500 unebenen Quadratmetern Werke des Meisters und in Wechselausstellungen auch Arbeiten anderer renommierter Gegenwartskünstler aus aller Welt gezeigt werden.

KUNSTHAUS WIEN, HUNDERTWASSER-KRAWINA-HAUS

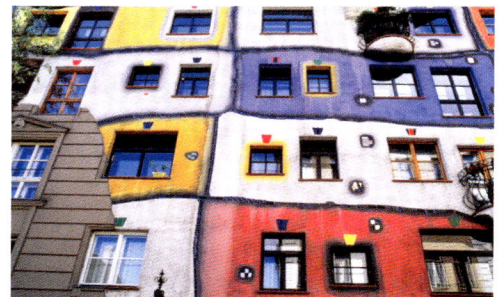

Der Architekt konzipierte sowohl das Hundertwasser-Krawina-Haus, eine Wohnanlage in der Kegelgasse (oben), als auch das Museum Kunsthaus Wien in der Unteren Weißgerberstraße (unten) als eine Art dreidimensionales Pamphlet gegen die Normen und Regeln der seiner Meinung nach »seelenlos-tristen« Baukunst der Moderne. Die Wohnanlage trägt neben seinem auch den Namen seines Mitarbeiters Josef Krawina.

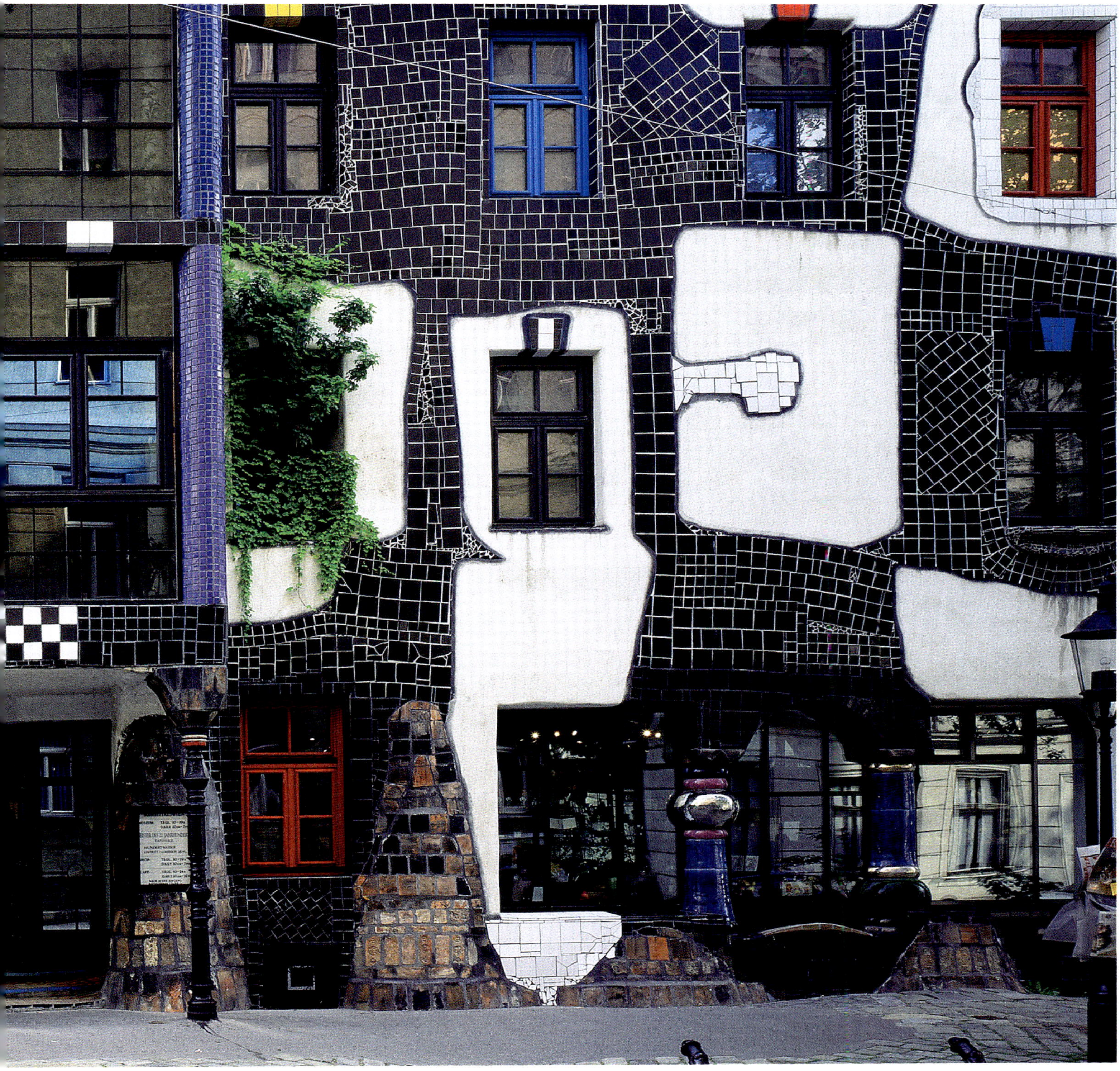

IM »URWALD DER GERADEN LINIEN«: FRIEDENSREICH HUNDERTWASSER

Friedensreich Hundertwasser – am 15. Dezember 1928 als Friedrich Stowasser in Wien geboren – hat die Öffentlichkeit mit seinen architektonischen Kreationen bis zu seinem Tod im Jahr 2000 wie kaum ein anderer Gegenwartskünstler polarisiert. Die etablierte Kritik verachtete seine architektonischen Werke mehrheitlich als kitschigen Öko-Barock oder kuriosen städtebaulichen Slapstick, seine vielen Bewunderer jedoch sehen in dem Künstler den Propheten einer gänzlich neuen, naturnahen und menschenfreundlichen Bauweise. Berühmt wurde er vor allem durch seine Spiralen-Bilder und durch jenes 1958 formulierte »Verschimmelungsmanifest gegen den Rationalismus in der Architektur«, in dem er mit der ihm eigenen Inbrunst die Rodung des »Urwalds der geraden Linien« forderte, »der uns immer mehr wie Gefangene in einem Gefängnis umstrickt«. Im Lauf der Jahre hat der umtriebige Künstler im Umland von Wien eine Autobahnraststätte, zwei Brunnen, eine Kirche sowie ein Thermenbad samt riesiger Feriensiedlung und in der Stadt selbst unter anderem ein Fernheizwerk und eine Tankstelle mit natürlichen Materialien, fröhlichen Farben, buckeligen Wänden und grünen Dächern versehen. Sein mit Abstand bekanntestes Werk ist freilich die kommunale Wohnanlage im dritten Bezirk, Ecke Kegel- und Löwengasse.

IM »URWALD DER GERADEN LINIEN«: FRIEDENSREICH HUNDERTWASSER

Hundertwassers architekturphilosophischen Maximen zufolge ist lebendiges Grün ein unverzichtbarer Bestandteil des menschlichen Lebensumfeldes. Diesem Grundsatz blieb der Meister natürlich auch bei der Gestaltung seiner privat genutzten Räume treu: sei es in seinem Atelier in der Wiener Akademie der Bildenden Künste (unten) oder auch in seinem geliebten Domizil im fernen Neuseeland (oben links und rechts).

RUSSISCH-ORTHODOXE KATHEDRALE

Dies zeugt fürwahr von Verbundenheit mit dem Vaterland: Als Wiens russisch-orthodoxe Gemeinde im Jahr 1893 daranging, sich im Dritten Bezirk eine eigene Botschaftskirche zu bauen, ließ sie eigens dreißig Fuhren Erde aus Russland an die Donau bringen. Somit war sicher gestellt, dass man auch hier stets auf heimatlichem Boden beten würde. Entworfen wurde der Bau von dem Petersburger Grigorij Iwanowitsch Kotow, der sich dabei ganz an die traditionellen Formen der altrussisch-spätbyzantinischen Sakralarchitektur hielt – mit fünf Kuppeln samt Laternen und Zwiebelhelmen sowie einem in Ober- und Unterkirche geteilten Inneren. Geweiht wurde der Bau 1899, und zwar dem heiligen Nikolaus. Patron der Unterkirche ist der legendäre Heerführer Alexander Newski. Das nötige Geld für das Projekt – auch für den Erdtransport – wurde im Wesentlichen von Zar Alexander III. spendiert.

Das mächtige Gotteshaus in der Jaurèsgasse wurde 1962 in den Rang einer Kathedrale erhoben und in den Jahren 2003 bis 2008 umfassend renoviert. Sein Inneres ist seither mit Fresken- und Ikonenzyklen ausgemalt. Diese zeigen Szenen aus dem Alten und Neuen Testament sowie aus dem Leben des heiligen Nikolaus. Gestaltet wurden sie von Archimandrit Zenon, einem der besten russischen Ikonenmaler unserer Zeit.

SCHLOSS BELVEDERE

Zu Wiens Hauptwerken des Barock zählt das von Lukas von Hildebrandt entworfene Belvedere. Errichtet wurde das aus zwei Schlössern bestehende Sommerpalais in den Jahren 1714 und 1723 für den legendären Feldherren und Türkenbezwinger Prinz Eugen von Savoyen. Das obere, prächtigere der beiden war Schauplatz eines historischen Moments der Landesgeschichte: In seinem Marmorsaal besiegelten die Außenminister der vier Besatzungsmächte am 15. Mai 1955 mit der Unterzeichnung des Staatsvertrages die Unabhängigkeit der jungen Republik. In den angrenzenden Prunkräumen zeugen Meisterwerke von Waldmüller, Klimt, Kokoschka & Co. von der Blüte der Malerei des 19. und frühen 20. Jahrhunderts. Das äußerlich deutlich schlichtere, innen jedoch ähnlich opulent ausgestattete Untere Belvedere wird vorrangig für interessante Sonderausstellungen genutzt.

Der Blick vom Süden über den Teich verdoppelt den grandiosen Eindruck, den das Obere Belvedere beim Betrachter hinterlässt (unten). Nicht weniger prächtig ist das Innenambiente des Schlosses. Seit die hier beheimateten Kunstsammlungen vor ein paar Jahren neu gruppiert und verstärkt beworben wurden, sind die Besucherzahlen markant gestiegen. Oben: die Sala Terrena und der Ballsaal des Oberen Belvedere.

WIRKLICHKEITSNÄHE UND ABSTRAKTION: GUSTAV KLIMT

Er gilt europaweit als zentraler Repräsentant der Wiener Secession, und mehrere seiner Gemälde, Frauenporträts vor allem, aber auch Landschaftsstudien, erzielen bei Auktionen exorbitant hohe Preise: Gustav Klimt gilt als Megastar jener Zeit um 1900, als die bildende Kunst in der altehrwürdigen Kaiserstadt mit aller Intensität in Richtung Moderne aufbrach. Geboren 1862 bei Wien, hatte er seine Formensprache zunächst in der Tradition des His-

torismus entwickelt. Bald jedoch stieg er zur Symbolfigur einer neuen Künstlerbewegung auf. Mit gleichgesinnten Kreativen wie Josef Hoffmann, Koloman Moser, Joseph Maria Olbrich und bald auch Otto Wagner gründete Klimt 1897 die Secessionistische Vereinigung, deren erster Präsident er wurde. Ihr Ziel: den akademischen Malstil zu überwinden. Die Secession organisierte eigene Ausstellungen, publizierte die Zeitschrift »Ver Sacrum«

und engagierte sich intensiv im Kunstgewerbe. Doch als sie sich 1905 spaltete, trat Klimt aus. Inzwischen hatte er einen fast expressionistischen, flächig-ornamentalen Stil entwickelt. Die dafür typische Synthese aus Wirklichkeitsnähe und Abstraktion, die tabulose Thematisierung von Sexualität und Tod sollten schließlich vor allem Egon Schiele, Oskar Kokoschka und später die Wiener Schule des Phantastischen Realismus nachhaltig beeinflussen.

Mit allegorischen Bildern wie »Medizin«, »Musik«, »Philosophie« oder dem Beethovenfries, aber mehr noch mit erotischen Frauenakten sorgte Klimt im Lauf seiner Karriere regelmäßig für Furore. Seine berühmtesten Werke sind heute Ikonen der Kunstgeschichte. Dazu zählen (unten von links): »Judith I«, »Emilie Flöge«, »Der Kuss«, »Judith II.« und »Salome«. Oben: ein Raum der Klimt-Sammlung im Belvedere.

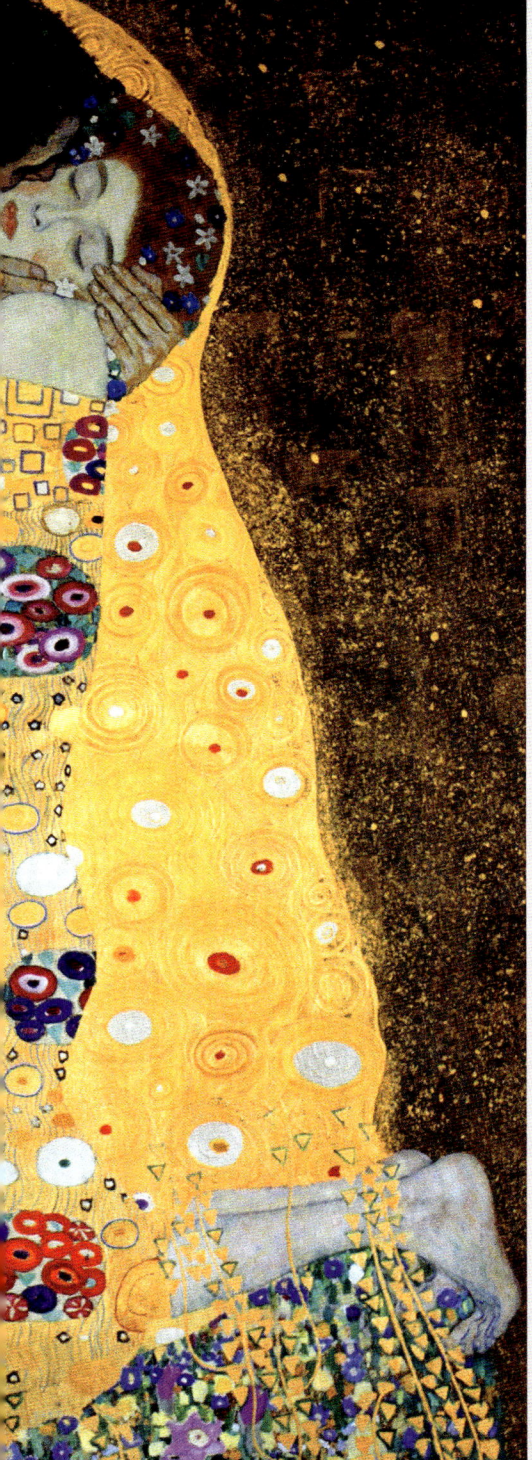

ERNEUERUNG DER KUNST: WIENER SECESSION

Sie verstanden sich als Erneuerer, die gegen das in Traditionen verhaftete Kunstverständnis aufbegehrten: jene jungen Architekten, Maler und Kunstgewerbler, die sich 1897 mit Getöse vom altgedienten akademischen Betrieb abspalteten und zur »secessionistischen Vereinigung« zusammenschlossen. Neue Ausdrucksformen zu suchen, die alle Bereiche der Kunst und des Lebens durchdringen sollten, war das erklärte Ziel der Gruppe, der Größen wie Gustav Klimt, Josef Hoffmann, Koloman Moser und Joseph Maria Olbrich angehörten und der später auch Otto Wagner beitrat. Die Secessionisten waren Wiens Antwort auf jene internationale Reformbewegung, die anderswo »Art nouveau« oder »Jugendstil« hieß. Sie gründeten eine eigene Zeitschrift namens »Ver Sacrum«, für die Autoren wie Hofmannsthal, Rilke, Bahr, Altenberg und Hamsun schrieben. Zudem schufen sie sich ihr eigenes Ausstellungsgebäude – Olbrichs kubische, mit einer vergoldeten Lorbeerkuppel bekrönte Secession. Und sie spalteten sich alsbald in zwei rivalisierende Fraktionen. Geblieben ist ein ästhetisches Erbe, das alle Kunstbereiche, von der Gebrauchsgrafik, Mode und Typografie bis zur Möbelgestaltung (Hoffmann), der Malerei (Klimt) und Architektur (Wagner) umfasst und seit seinem Revival Mitte der 1980er-Jahre erneut höchste Anerkennung findet.

Zu den Wiener Secessionisten zählten unter anderem (diese Seite unten im Uhrzeigersinn von oben links): Egon Schiele, Max Klinger, Gustav Klimt, Anton Faistauer. Oben: Olbrichs Secessionsgebäude mit der goldenen, in Anspielung auf den nahen Naschmarkt auch »Krauthappl« (Kohlkopf) genannten Lorbeerkuppel. Dort ist auch Klimts Beethovenfries (unten links das Detail »Nagender Kummer«) zu bestaunen.

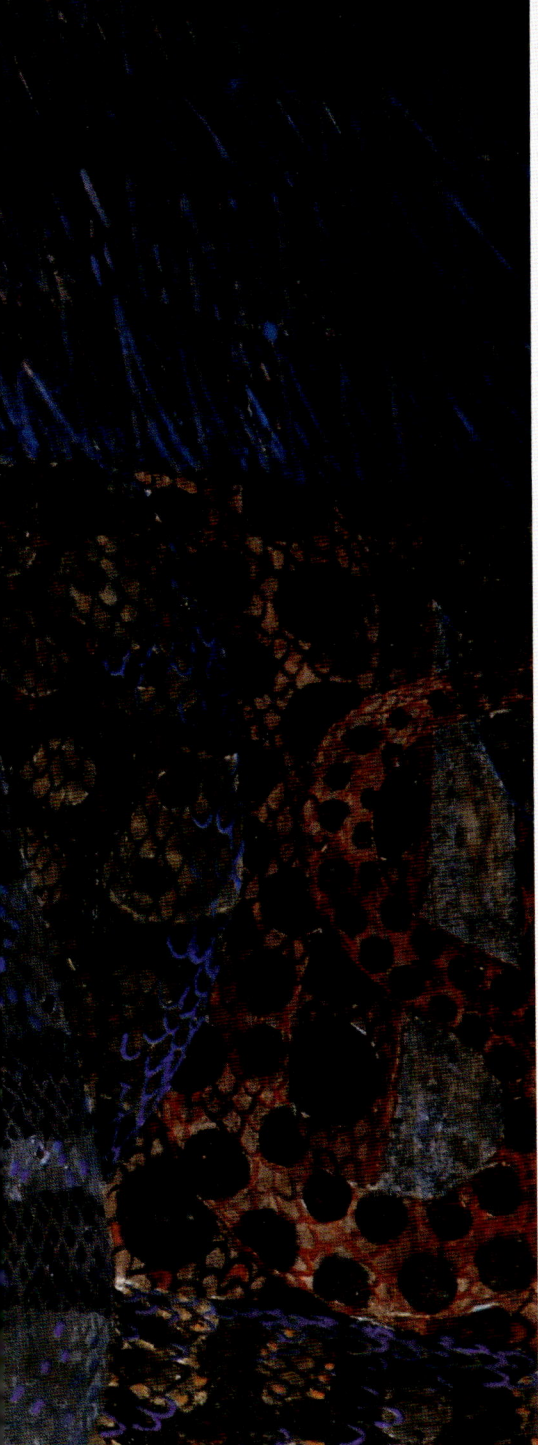

HEERESGESCHICHTLICHES MUSEUM IM ARSENAL

Hinter dem Südbahnhof erhebt sich ein weitläufiger Gebäudekomplex. Sein von Ludwig Förster und Theophil Hansen gestaltetes, maurisch-byzantinisches Äußeres mag romantisch anmuten. Doch sollte dies über seine ursprünglichen Zwecke nicht hinwegtäuschen: Das Arsenal entstand unmittelbar nach dem Volksaufstand im Jahr 1848 zur Fabrikation und Lagerung von Kriegsgerät. Einer der einst 72 Einzelbauten beherbergt heute das Heeresge-schichtliche Museum. Dessen Sammlung dokumentiert, mit Geschützen, Fahnen, Harnischen, Uniformen, Orden und Gemälden reich bestückt, Aufstieg und Fall der kaiserlichen Armee, vom Dreißigjährigen bis zum Ersten Weltkrieg. Unter den Spitzenexponaten: ein türkisches Staatszelt, Prinz Eugens Bahrtuch sowie das Unglücksauto und der blutige Rock des 1914 in Sarajevo ermordeten Thronfolgers Franz Ferdinand.

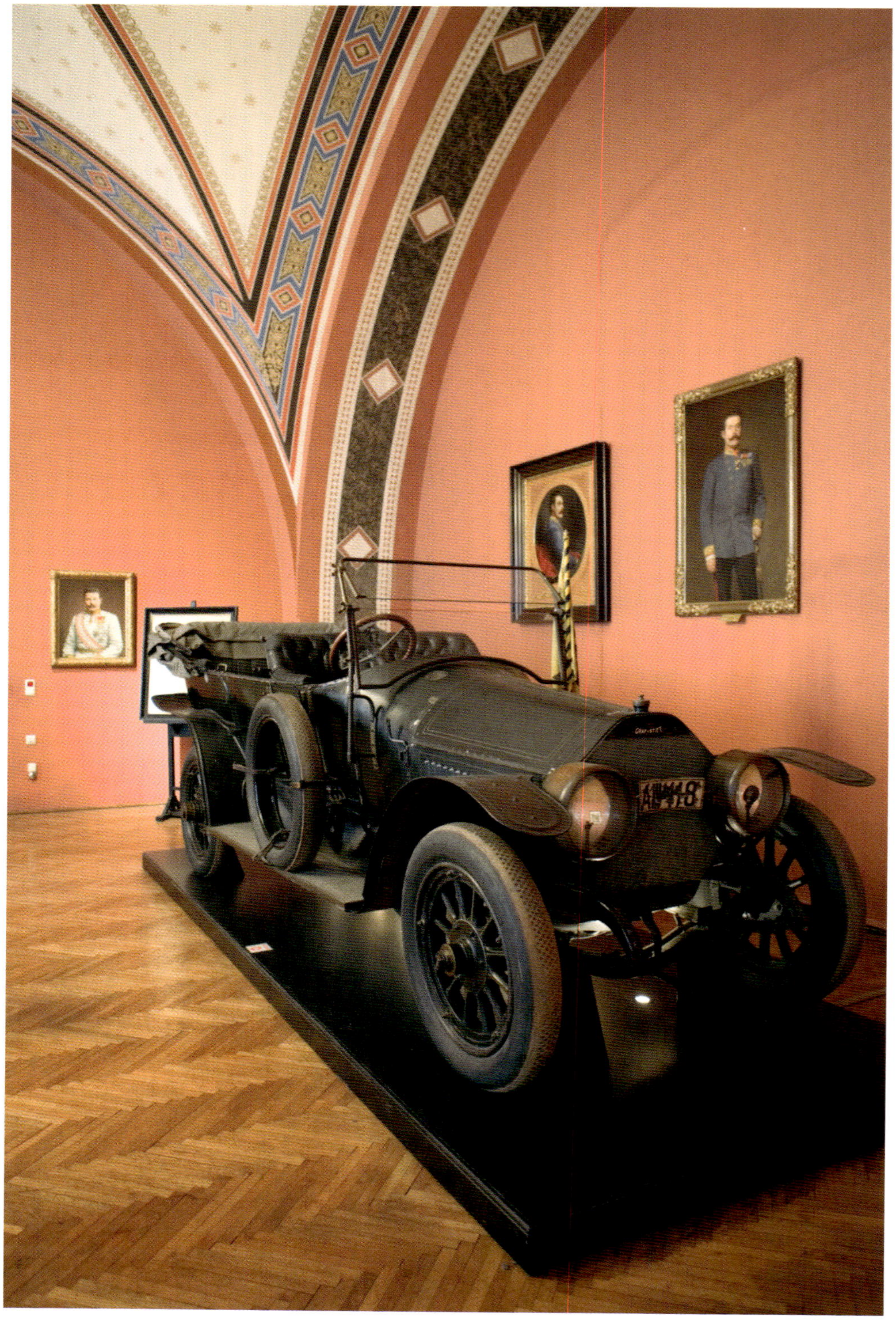

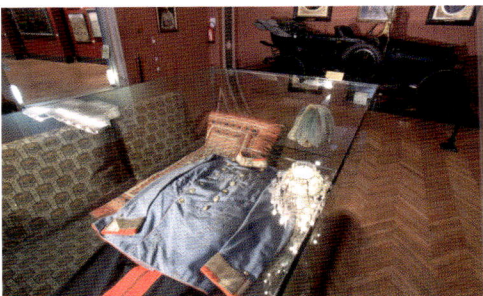

Großes Bild: Heldengalerie im Heeresgeschicht-lichen Museum. Links davon und oben rechts: das »Mordauto« und die Paradeuniform, in denen Erzherzog Franz Ferdinand in Sarajevo starb. Weitere Attraktionen des Hauses sind etwa der Marine-, der Artillerie- und der Radetzkysaal sowie die Ruhmeshalle. Oben links: die Front-fassade des Museums in dem für das ganze Arsenal typischen, maurisch anmutenden Stil.

SANKT MARXER FRIEDHOF

Im Südosten der Stadt, hart an der Grenze zwischen 3. und 11. Bezirk, findet sich eine kulturhistorische Rarität ersten Ranges: Wiens einziger erhaltener Biedermeierfriedhof – einer der weltweit Letzten seiner Art überhaupt. Der inzwischen längst denkmalgeschützte Gottesacker hat sich – obwohl er mittlerweile von der Südosttangente, einer extrem stark frequentierten Stadtautobahn, umbraust wird – eine zauberhaft verwunschene Atmosphäre bewahrt. An die 6 000 Grabsteine aus dem späten 18. bis ins späte 19. Jahrhundert zieren dieses efeuüberwucherte Paradies für Melancholiker. Ihre Inschriften geben Aufschluss über einstige Eitelkeiten, zeugen etwa von »Fabricanten«, »Privatiers« und »geheimen Räthen«. Mit Abstand berühmtester Dauergast ist Wolfgang Amadeus Mozart, der hier am 6. Dezember 1791 nach der Einsegnungszeremonie im Dom verscharrt wurde.

Romantisches Pathos prägt das Dekor vieler Grabsteine, die, von Wind, Wetter und Abgasen zernagt, nach und nach verwittern. Mozart wurde in einem Schachtgrab für etwa sechs Personen bestattet, wie das in josephinischer Zeit Brauch war. Wo genau seine Überreste ruhen, ließ sich nie eruieren; den vermuteten Ort nur wenige Schritte links des Hauptweges ziert seit 1895 ein trauernder Engel (oben).

WIENER STRASSENBAHNMUSEUM

Wien besitzt zur großen Freude seiner umwelt-
bewussten Bewohner ein umfangreiches Netz öf-
fentlicher Verkehrsmittel, dessen Dichte im Vergleich zu den meisten europäischen Millionenstädten
beispielhaft ist. Die rotweißroten Busse und mehr
noch die Straßenbahnen sind aus dem Alltag und
Stadtbild nicht wegzudenken. Um den Wert dieses
infrastrukturellen Schatzes zu unterstreichen und
das verkehrstechnische Erbe gebührlich zu pfle-
gen, haben die Wiener Linien in einer Remise im
dritten Bezirk ein eigenes Straßenbahnmuseum
eingerichtet. Auf einer Fläche von rund 7700 Quadratmetern sind dort an die 100 Originalfahrzeuge
zu sehen – von der Pferdekutsche über Dampf-
tramway und Stadtbahnwaggon zum Gelenktrieb-
wagen und Doppeldeckerbus. Sie sind allesamt be-
triebsfähig. In der warmen Jahreszeit werden viele
an Aktionswochenenden für Rundfahrten genutzt.

Im 1966 von Helmut Portele zunächst als »Wiener T-amwaymuseum« (WTM) gegründeten, bis 1986 im Bahnhof Ottakring untergebrachten und seit 1992 in der Remise Erdberg beheimateten Wiener Straßenbahnmuseum lassen noch per Kurbel chauffierte, längst ausrangierte Trams Erinnerungen an vergangene Tage wach werden. Nahezu lückenlos wird hier die Entwicklung von 1865 bis zur Gegenwart präsentiert.

KARLSPLATZ

In gewisser Weise ist dieser Platz, der als zentraler Verkehrsknotenpunkt und Scharnier zwischen dem 1. und 4. Bezirk fungiert, seit Generationen ein Sorgenkind der Urbanisten. Denn wegen seiner Weitläufigkeit, der Asymmetrie und dem hohen Verkehrsaufkommen lässt er sich offenbar unmöglich als homogenes Ganzes gestalten, zerfleddert in diverse Grün- und Betoninseln. Im krassen Gegensatz zu seiner ästhetischen Sperrigkeit steht frei-lich seine Bedeutung als kulturelle Kernzone. An seinen Seiten finden sich architektonische Perlen aufgereiht, als da sind: Secession, Künstlerhaus, Musikverein, Otto Wagners Stadtbahnpavillon, vis-à-vis die Technische Universität, Fischer von Erlachs grandiose Karlskirche und das Haupthaus des städtegeschichtlichen »Wien-Museums«, in dem auch immer wieder interessante Sonderausstellungen für Aufmerksamkeit sorgen.

Der von Adolf Krischanitz entworfene Glaspavillon »project space« steht gegenüber der Secession und ist ein Ableger der Kunsthalle im MuseumsQuartier (oben) – ein »zeitgenössisches Schaufenster für schnelle Präsentationen zwischen Installation, Video und Performance«. Das dazugehörige Café ist eine Art Ersatz-Wohnzimmer der kreativen Szene. Unten: Otto Wagners Stadtbahnpavillon (1901).

KARLSKIRCHE

Sie gilt als Symbolbau für jene euphorischen Jahrzehnte nach der zweiten Türkenbelagerung (1683), als Wien zur glanzvollen Metropole mutierte: Die Karlskirche wurde im Jahr 1713 vom gleichnamigen Kaiser, dem VI., anlässlich einer überstandenen Pestepidemie in Auftrag gegeben und vor dem südlichen Stadttor in einem damaligen Auwäldchen des zu dieser Zeit noch nicht regulierten Wienflusses erbaut. Ihre Schöpfer, Vater und Sohn Fischer von Erlach, vereinten in dem kolossalen Sakralbau die klassischen Formen der griechischen, römischen und byzantinischen Architektur. Unter der patinagrünen Kuppel erhebt sich ein Tempelportikus. Zu beiden Seiten ragen jeweils eine mit Spiralreliefs verzierte Triumphsäule sowie ein Glockenturm empor. Der ovale Innenraum ist mit Scheinarchitektur von Gaetano Fanti und einem grandiosen Kuppelfresko von Johann Michael Rottmayr ausgemalt.

Die Fassade der Karlskirche mit ihrem vorge-blendeten, an einen griechischen Tempel erin-nernden Portikus wurde von Palladio beein-flusst, Vorbild für die beiden 32 Meter hohen Triumphsäulen zu beiden Seiten war die Trajan-säule in Rom. Das Giebelrelief illustriert das Ende der Pest, der über 8000 Menschen zum Opfer fielen. Barocke Üppigkeit bestimmt das Innere des prächtig ausgemalten Gotteshauses.

NASCHMARKT

Wiens größter innerstädtischer Lebensmittelmarkt erstreckt sich rund 500 Meter weit von der Kettenbrückengasse bis zum Karlsplatz. 1916, kurz nachdem der Wienfluss in diesem Abschnitt eingewölbt worden war, fand er zum ersten Mal an diesem Standort statt. Viele der Händler, die hier ihre Waren preisen, haben ihre Wurzeln in den ehemaligen balkanischen Kronländern der Monarchie, viele stammen aus der Türkei. Sie verleihen dem »Bauch von Wien« die heiter-sinnliche Atmosphäre eines Basars. Imbissstände und kleine Lokale ergänzen das Nahrungsangebot. Antiquarisches und Kuriositäten werden jeden Samstag am westlichen Ende des Naschmarkts, zu Füßen der beiden Otto-Wagner-Häuser, feilgeboten. Zwar sind die Preise hier erklecklich und die Chancen, seltene Schätze zu heben, gering, aber das Sortiment ist groß, und es gibt immer etwas zu sehen.

Auch auf dem Naschmarkt wird inzwischen Fastfood verkauft, neben Gourmetspezialitäten aus al.er Herren Länder. Aber noch dominiert frische Ware aus heimischen Bäckereien, Käsereien und Schlachtereien, von den Feldern und Wäldern in Wiens Umland das Sortiment. Das Sammelsurium aus Second-Hand-Krimskrams und Dachbodenraritäten weckt bei Besuchern des Flohmarkts die Lust am Stöbern.

6. BIS 9. BEZIRK: MARIAHILF, NEUBAU JOSEFSTADT, ALSERGRUND

Wer in das Wiener Alltagsleben eintauchen möchte, dem empfiehlt sich ein Streifzug durch die Bezirke zwischen Ring und Gürtel. Etwa durch den 6. und 7. mit ihren Häusern aus dem Barock, Biedermeier und der Gründerzeit, allerlei Hinterhofgewerbe und einer lebhaften Lokalszene. Theater wie jenes an der Wien oder in der Josefstadt garantieren Bühnenkunst auf hohem Niveau. Das Museumsquartier erweist sich als facettenreiches Laboratorium für alle Arten moderner Kunst. Und das Spitalsviertel am Alsergrund erinnert an die bahnbrechenden Leistungen der Wiener Medizin.

Hier verläuft die Hauptachse der Wiener Kunst-
landschaft: Links erstreckt sich die fast 300 Meter
lange Fassade der zum MuseumsQuartier umgebauten Hofstallungen, rechts die Seitenfront des
Naturhistorischen Museums. Am Ende der
Straße erstrahlt die Kuppel des Volkstheaters.

THEATER AN DER WIEN

Im entzückend plüschigen Logenrund des Theaters an der Wien erklang 1801 zum ersten Mal Beethovens Fidelio, wurden später diverse Operetten von Kálmán, Lehár und Millöcker, Strauß, Suppé und Zeller uraufgeführt. Zwischen 1945 und 1955 war das neben dem Naschmarkt gelegene Haus Ausweichbühne für die bombenbeschädigte Staatsoper. Ab den späten 1980er-Jahren machte es gemeinsam mit dem Raimundtheater als Musicalbühne von internationalem Rang Furore. Seit 2006 wird es neu als Wiens drittes, auf Barock und klassische Moderne spezialisiertes Opernhaus geführt. Die überragende Qualität der gezeigten Produktionen hat ihm inzwischen ein begeistertes Stammpublikum beschert. Der Nebeneingang, das Papagenotor in der Millöckergasse, erinnert übrigens an den ersten Direktor des Hauses, den Librettisten von Mozarts »Zauberflöte«, Emanuel Schikaneder.

Ein paar Jahre erst ist es her, dass das an der Linken Wienzeile stehende Haus in eine Opernbühne (zurück)verwandelt wurde. Und schon genießt es unter Kennern einen ganz hervorragenden Ruf. Die Bandbreite der stets zeitgemäß inszenierten Werke reicht (Bildleiste rechts von oben nach unten) von Glucks »Iphigenie en Tauride« über Monteverdis »Poppea« und Bergs »Wozzeck« bis zu Webers »Freischütz«.

WIENZEILENHÄUSER

Die Architektur Otto Wagners wirkte in der gesamten Monarchie vorbildhaft und prägte durch Wagners Schüler wie Olbrich, Hoffmann, Plecnik und Fabiani auch noch entscheidend das Baugeschehen der Ersten Republik. Zum Oeuvre des Pioniers zählen neben den »technischen« Infrastrukturbauten und Hauptwerken wie der Postsparkasse oder der Steinhofkirche seine Miets- und Geschäftshäuser. Letztere standen zu Beginn stilistisch noch in der Tradition des Ringstraßen-Historismus. Spätere Bauten, allen voran die weltberühmten Wienzeilenhäuser, erwiesen sich als Meilensteine des frühen Jugendstil. Blickfang bei beiden Wienzeilenhäusern ist nicht mehr, wie bis dahin üblich, das durch Raumhöhe oder Dekor betonte Mezzanin (das Zwischengeschoss). Vielmehr finden sich sämtliche Geschosse gleichwertig gestaltet und die Sockelzone mit den Geschäften durchgängig hervorgehoben.

Kennzeichen des Majolikahauses in der Linken Wienzeile Nr. 40 sind jene witterungsfesten, mit kunstvollen Pflanzenornamenten verzierten Fayencefliesen, mit denen Wagner die Fassade des 1899 erbauten Hauses verkleiden ließ. Das benachbarte Haus (Nr. 38) schmückte Koloman Moser mit Goldschmuck und prächtigen Medaillons. Um die Ecke, in der Köstlergasse, entwarf Josef Plecnik ein Haustor.

MARIAHILFER KIRCHE, MARIAHILFER STRASSE

Die Mariahilfer Straße bildete einst die alte Postroute Richtung Westen und zugleich die hochnoble Zufahrtschaussee nach Schloss Schönbrunn. Nicht zuletzt dank mehrerer renommierter Großkaufhäuser entwickelte sie sich schon früh zu einer der führenden Geschäftsstraßen der Stadt. Heute präsentiert sich vor allem ihr innerer Abschnitt, der zwischen Westbahnhof und MuseumsQartier die Grenze zwischen 6. und 7. Bezirk markiert, komplett runderneuert. Breite Gehsteige, neu gepflanzte Baumreihen, schicke Läden, Cafés und Eissalons laden zum ausgedehnten Flanieren und Einkehren ein. Ein kunstgeschichtliches Juwel, das inmitten des konsumistischen Treibens allzu leicht übersehen wird, ist die barocke Mariahilfer Kirche. Sie wurde im Jahr 1689 geweiht und lockte dank ihres weithin bekannten Gnadenbildes Mariahilf lange Zeit scharenweise Wallfahrer an.

Die seelsorgerisch von Mönchen des Barnabitenordens betreute Mariahilfer Kirche – unten: ihr Langhaus; oben links: die doppeltürmige Fassade – entstand nach Plänen von Sebastiano Carlone d. J. An ihrer Ausstattung sind neben dem populären Gnadenbild vor allem die elf großflächigen, neobarocken Glasfenster hervorhebenswert. Oben rechts: das traditionsreiche Kaufhaus Gerngross an der Ecke zur Kirchengasse.

MITBEGRÜNDER DER WIENER KLASSIK: JOSEF HAYDN

Sein Leben ist eine Erfolgsgeschichte par excellence: Als zweites von zwölf Kindern eines Wagenbauers 1732 im Dorf Rohrau an der Leitha geboren, verbrachte er armselige Jahre in einer Dachkammer hausend, wurde Sängerknabe, schlug sich später mit Privatstunden durch und stieg 1761 zum Hofkapellmeister der Fürsten Esterházy in Eisenstadt auf. Dank dieser wohldotierten Position konnte er in der Abgeschiedenheit der Provinz, inspiriert durch gelegentliche Reisen nach Wien und Pressburg, seine Entwicklung zum Meisterkomponisten vorantreiben. In sechs Jahrzehnten, von 1749 bis 1809, schuf er vor allem Symphonien, Vokalmusik (Messen, Oratorien) und Kammermusik (Streichquartette), dazu Solokonzerte und Klaviersonaten. Den Triumph seines Lebens erfuhr er, als man ihn mit fast sechzig Jahren in London wie heute einen Rockstar feierte und zum Ehrendoktor der Universität Oxford machte. Haydn, der 1809 starb und in Eisenstadt begraben liegt, ging als Begründer der Wiener Klassik, der auch Mozart und Beethoven angehören, in die Musikgeschichte ein. Die Nachwelt verdankt ihm das Schema des Sonatensatzes, die stufenweisen Entwicklung musikalischer Motive und die fortschreitende Gleichberechtigung aller Stimmen in einer Komposition – und ein mit jedem Hören aufs Neue bewegendes, ja ergreifendes Werk.

Über Haydn und sein Werk erfährt viel Interessantes, wer seinen Alterswohnsitz in Wien Mariahilf besichtigt. Das Vorstadthaus ist seit langem Museum und wurde 2009 zum 200. Todestag des »in seinen letzten Lebensjahren berühmtesten Komponisten Europas« neu gestaltet. Zu den zentralen Exponaten zählen Haydns Fortepiano und Klavichord. Das Haydn-Denkmal steht vor der Mariahilfer Kirche.

MUSEUMSQUARTIER

An der Nahtstelle von 7. und 1. Bezirk wurde im Jahr 2001 das MuseumsQuartier (MQ) eröffnet. Es vereint die Barockstrukturen der ehemals kaiserlichen Stallungen mit postmoderner Architektur und zählt zu den zehn größten Kulturzentren der Welt. Beinahe 20 Jahre lang wurde rund um das von dem Architektenduo Laurids und Manfred Ortner geplante Projekt erhitzt debattiert. Phasenweise geriet der Meinungsstreit zum regelrechten Kulturkampf.

Dann aber baute man doch, und das Ergebnis kann sich sehen lassen: Nach 38 Monaten hatte die Stadt ein rund 60 000 Quadratmeter großes urbanes Gesamtkunstwerk geschaffen, das nun pro Jahr über drei Millionen Besucher anlockt. Das Angebot umfasst neben großen Kunstsammlungen ein Tanzquartier, ein Architekturzentrum, eine Kunst- und zwei Festspielhallen, Einrichtungen für Kinder sowie viele Ateliers, Studios und Kulturlabore.

Schicke Cafés, Bars und Shops sorgen im MuseumsQuartier bis spätnachts für urbanes Treiben. Insbesondere der Haupthof wird in warmen Sommernächten zum überdimensionalen Open-Air-Wohnzimmer umfunktioniert, in dem man sich zum geselligen Schwatzen, Trinken und Spielen trifft. Möbliert ist die weitläufige Freifläche mit »Enzis« getauften, seltsam klobigen, bunten Sitz- und Liegeelementen.

MUSEUMSQUARTIER: LEOPOLD-MUSEUM, KUNSTHALLE

Markenzeichen des MuseumQuartiers sind die beiden kühn zwischen die Barocktrakte gesetzten Riesenkuben. Der vom zentralen Eingang aus betrachtet linke beherbergt das Leopold-Museum. Hinter dessen mit Muschelkalkstein verkleideter Fassade hat eine weltweit einmalige Kollektion ihre Heimat gefunden: 40 Jahre lang hatte ihr Namenspatron, der 2010 verstorbene Wiener Augenarzt Rudolf Leopold, mit frenetischer Sammelleidenschaft über 5 000 Werke von Malern der heimischen klassischen Moderne zusammengetragen, die er Ende der 1990er-Jahre zwecks dauerhafter Zurschaustellung in diesem Haus dem Staat veräußerte. Im zentralen Trakt des MQ ist die Kunsthalle untergebracht. Sie versteht sich als Werkstatt und Labor mit den programmatischen Schwerpunkten Fotografie, Video, Filminstallationen und Retrospektiven zeitgenössischer Künstler.

Auf rund 5400 Quadratmetern Fläche wird ein Querschnitt der Leopold'schen Sammlung gezeigt, darunter Hauptwerke von Klimt, Kokoschka, Gerstl, Boeckl, Faistauer und Kubin, vor allem aber Egon Schiele. Hinzu kommen – aus dem reichhaltigen Depot bestückte – Sonderschauen. Außerdem stößt man auf hochwertige Artefakte aus Afrika, Ozeanien und Fernost. Unten: das Foyer der Kunsthalle.

MUSEUMSQUARTIER: MUSEUM FÜR MODERNE KUNST (MUMOK)

Vis-à-vis dem Leopold-Museum, im Westteil des Haupthofes, erhebt sich das Museum für moderne Kunst, kurz MUMOK genannt. Seine Bestände basieren maßgeblich auf einer vor Jahrzehnten von dem rheinischen Schokoladefabrikanten Peter Ludwig zusammengetragenen Sammlung. Diese bietet eine repräsentative Übersicht über die meisten Stilrichtungen der klassischen Moderne. Der Werkkatalog der Sammlung umfasst Arbeiten von vielen ganz Großen der internationalen Künstlerprominenz – von Picasso, Max Ernst und Magritte über Claes Oldenburg und Warhol bis zu Twombly, Pollock, Baselitz und Richter. Und auch die wesentlichen Bewegungen der Nachkriegszeit, ob Pop-Art, Fluxus oder Fotorealismus, Wiener Aktionismus, Konzeptkunst, Minimal Art oder Arte povera, finden sich in dem übrigens fast bis zur Hälfte in der Erde versenkten Quader exzellent dokumentiert.

MUSEUMSQUARTIER: MUSEUM FÜR MODERNE KUNST (MUMOK)

Österreichs größtes Museum für moderne und zeitgenössische Kunst ist in einem weitgehend fensterlosen, mit anthrazitfarbener Basaltlava verkleideten und von außen entsprechend düster wirkenden Kubus untergebracht worden. Dessen großzügiges Raumkonzept ermöglicht Kunsterlebnisse aus ungewohnten Perspektiven. Unten: Blick aus dem Souterrain in die Eingangshalle des modernen Museumsbaus.

SPITTELBERG

Unmittelbar hinter dem ultramodernen Museums-Quartier, auf dem sogenannten Spittelberg zwischen Breite-, Stift- und Siebensterngasse, ist ein beschauliches Stück Wiener Biedermeier erhalten geblieben. Die Zeilen der ein-, höchstens zweistöckigen Häuser wären perfekte Kulissen für Gemälde des österreichischen Landschaftsmalers Ferdinand Georg Waldmüller (1793–1865). Heute sind sie tipptopp renoviert, weil die Stadtväter Ende der 1970er-Jahre erkannten, dass manche Wiener doch lieber in ihren angestammten, verwinkelten Vorstadtwohnungen als in den zuvor reihenweise hochgezogenen Satellitensilos an der Peripherie leben. Entlang der mit Kopfstein gepflasterten und weitgehend von Verkehr befreiten Schrank- und Spittel-berg- und Gutenberggasse betreiben etliche Kunsthandwerker ihre Läden. Auch findige Gastronomen haben den Wert solcher Bilderbuchidyllen entdeckt.

Mehrere Lokalbetreiber servieren ihren Gästen im Freien – und, wie im Fall des Vorzeigebeisls »Witwe Bolte« (oben rechts) sogar unter Lindenbäumen – klassische Wiener Kost, dazu Heurigenweine, und hauchen so dem tagsüber eher verschlafenen Viertel bis nach Mitternacht Leben ein. Ecke Burg- und Breitegasse findet sich übrigens eine kleine Kuriosität: das offiziell ausgewiesene »kleinste Haus von Wien«.

VOLKSTHEATER

Das Volkstheater ist gewissermaßen das bürgerliche Gegenstück zum damals »blaublütigen« Burgtheater und wurde im Jahr 1889 von Notabeln des Dritten Standes wie dem Dramatiker Ludwig Anzengruber und dem Möbelfabrikanten Michael Thonet gegründet. Verantwortlich für die Planung waren Ferdinand Fellner & Hermann Helmer, damals die meistbeschäftigten Theaterarchitekten ihrer Zeit, die in der gesamten Monarchie und darüber hinaus an die 50 Theaterbauten im für dieses Architekten-Tandem typischen historistischen Repräsentationsstil schufen. Auf dem Spielplan standen damals – und stehen noch heute, weil man sich dem Bildungsauftrag gegenüber breiten Bevölkerungskreisen verpflichtet fühlt – vorrangig aufklärerische Volks- und Politstücke. Auch Klassiker, insbesondere Nestroy, Raimund und Grillparzer, zählen, zeitgemäß inszeniert, zum Standardrepertoire.

Das Haupthaus des Volkstheaters mit der großen
Bühne – oben: eine Szene aus Neil Simons Ever-
green »Sonny Boys« mit Alexander Jagsch und
Peter Weck – fasst 980 Zuschauer. Als Nebenbühnen dienen im selben Gebäude für junge
Talente der Schwarze Salon und für »literari-
sches Varieté und provokante Performances«
die Rote Bar. Außerdem tourt das Volkstheater-
Ensemble regelmäßig durch Wiens Außenbezirke.

THEATER IN DER JOSEFSTADT

Der 8. Bezirk, die Josefstadt, gilt unter allen innerstädtischen Bezirken traditionell als das (groß)bürgerliche Wohngebiet schlechthin. Dafür, dass hier auch viele Künstler zu Hause sind, ist vor allem das Theater in der Josefstadt verantwortlich. Das innen sehr stilvolle, plüschig-intime Haus ist Wiens älteste durchgehend bespielte Bühne und ein Hort typisch wienerischer Schauspielkunst. Berühmte Schauspieler wie Paula Wessely, Attila Hörbiger, Fritz Kort-ner und Hans Moser traten hier regelmäßig auf, Max Reinhardt scharte in den 1920er-Jahren ein hochkarätiges Ensemble um sich. Bis heute liegt der Schwerpunkt des Programms auf modernen Gesellschaftsstücken und eleganten Kammerspielen. Eröffnet wurde »die Josefstadt« als privates Schauspielhaus im Jahr 1788. Vierunddreißig Jahre später, 1822, gestaltete sie der bekannte Biedermeier-Architekt Josef Kornhäusel grundlegend um.

Im Theater an der Josefstädter Straße erlebten Franz Molnars »Liliom« und Hofmannsthals »Schw eriger« ihre Uraufführung. Nach 1900 wurde das Haus zur Heimstatt für Autoren wie August Strindberg und Frank Wedekind. Unten: Proben zu Ödön von Horvaths »Jugend ohne Gott« in der Dramatisierung des britischen Autors und Oscar-Preisträgers (für das Drehbuch von »Gefährliche Liebschaften«) Christopher Hampton.

VOTIVKIRCHE

Der Eindruck trügt: Beim ersten Blick auf die Votivkirche möchte man glauben, sie sei eine typische Vertreterin der französischen Kathedralgotik, ergo an die 800 Jahre alt. Doch bei genauerem Hinsehen entpuppt sich das filigrane Bauwerk hinter der Uni mit seinen zwei 99 Meter hohen Türmen, dem delikaten Geflecht aus Spitzbögen, Strebepfeilern, Fialen, Maßwerk und der mit drei figurenreichen Portalen versehenen Fassade als neogotisch, ein Resultat des Historismus. Errichtet wurde die Kirche auf Initiative von Franz Josephs Bruder, Erzherzog Maximilian. Und zwar zum Dank für das Misslingen eines Attentats auf den jungen Kaiser im Jahr 1853. Als Architekt engagierte man den damals gerade erst 27 Jahre alten Heinrich Ferstel. Die Weihe fand nach der stolzen Bauzeit von 23 Jahren im April 1879, am Tag der Silberhochzeit des Kaiserpaares, statt.

Die Votivkirche steht in Sichtweite der Ringstraße, am Nordende des ehemaligen Paradeplatzes, dessen begrünter Rest heute Sigmund-Freud-Park heißt. Ihr dreischiffiges Innere birgt zwei kunsthistorische Kostbarkeiten: den Antwerpener Altar, ein Hauptwerk spätgotischer Schnitzkunst aus Flandern, und die über 400 Jahre alte Marmortumba von Graf Niklas Salm, dem Verteidiger Wiens von 1529 gegen die Türken.

SIGMUND FREUD

Besonders schöpferisch zeigte sich Wien um die Wende zum 20. Jahrhundert und bis in die Zwischenkriegszeit auch auf dem Gebiet der Medizin und Seelenkunde. Damals forschten und lehrten hier unter anderem der Begründer der Individualpsychologie Alfred Adler, die beiden großen Sexualpsychologen Wilhelm Reich und Richard Krafft-Ebing sowie der Psychiater und Nobelpreisträger Julius Wagner von Jauregg. Drei, vier Jahrzehnte

zuvor hatten Pioniere wie Ignaz Philipp Semmelweis, der »Retter der Mütter«, oder der Chirurg Theodor Billroth den Ruhm der Wiener Medizin begründet. Als Begründer der Psychoanalyse genießt der 1856 im nordmährischen Freiberg/Příbor geborene Sigmund Freud bis heute Weltruhm. Nach seinem Studium in Wien hatte er zunächst hirnanatomische Forschungen betrieben. In der Folge erarbeitete er ein Verfahren zur Heilung seelischer Krankhei-

ten durch »Abreaktion« verdrängter Traumata. Es war der Ansatz zu seiner späteren Psychoanalyse, in deren Zentrum das Unbewusste sowie, als Hauptbeweggründe für das menschliche Verhalten, Libido und Todestrieb stehen. Im Jahr 1938 floh Freud, dessen Erkenntnisse bis heute maßgeblich auch Philosophie, bildende Kunst und Literatur beeinflussen, vor dem Naziterror ins Exil – nach London, wo er im Herbst des Jahres 1939 starb.

Das Sigmund-Freud-Museum in der Berggasse 19 zeigt in den einstigen Lebens- und Arbeitsräumen des vor allem auf die »alte Zauberkraft« des Wortes vertrauenden Seelenkundlers Möbel, Gebrauchsobjekte und Antiken aus dessen privatem Besitz sowie wechselnde Sonderausstellungen. Oben sieht man Freud bei der Arbeit und das orig nale Interieur seiner Ordination mit der legendären Couch, die heute in London steht.

LIECHTENSTEIN-MUSEUM

Zu den tat- und finanzkräftigsten Bauherren der Barockzeit in Wien wie auch in Südmähren gehörte die Fürstenfamilie Liechtenstein. Draußen in der Rossau, im heutigen 9. Bezirk, thront das Gartenpalais des damals äußerst einflussreichen Adelsgeschlechts. Es wurde in den Jahren um 1700 nach Plänen des italienischen Architekten Domenico Martinelli errichtet und beherbergte bis zu dessen Übersiedlung ins Museumsquartier das Museum für moderne Kunst. Danach wurde der prächtige Palast generalsaniert und mitsamt seiner reichhaltigen Kunstsammlung und dem sehr schönen Garten als »Ort barocker Lebenslust« der Öffentlichkeit zugänglich gemacht. In der Wiener Innenstadt, unmittelbar hinter dem Burgtheater, Ecke Bankgasse und Löwelstraße, besitzt die Fürstenfamilie mit ihrem Stadtpalais ein weiteres hochbarockes Baujuwel – ab 2012 der zweite Standort des Museums.

Das Sommerpalais – ein Augenschmaus: Die zu besichtigende Bibliothek, ein Paradebeispiel klassizistischer Prunkentfaltung, umfasst an die 100 000 Bände. Die fürstliche Kunstsammlung wurde 1938 nach Vaduz evakuiert, 2004 nach Wien zurückgeführt und zeigt unter anderem Gemälde von van Dyck, Raffael, Rubens und Rembrandt. Oben rechts: das Treppenhaus mit einem Deckenfresko Johann Michael Rottmayrs.

ERWACHEN IM PARADIES: FRANZ SCHUBERT

Nach den napoleonischen Wirren, im Biedermeier, stieg Wiens Bürgertum zu einem zentralen Kulturträger auf. Als Reaktion auf die politische Repression, aber auch die sozialen Verwerfungen, flüchtete man in private Idyllen. Zur künstlerischen Symbolfigur jener Zeit, da das Klischee in jedem Wiener »den Herrn Biedermann« sah, der sich im Kaffeehaus oder Biergarten verlustierte und sein Wohnzimmer als plüschige Bonbonniere möblierte, stilisierte die

Nachwelt ausgerechnet den am 31. Januar 1797 im heute zu Wien gehörenden Lichtental als Sohn eines Volksschullehrers geborenen Franz Schubert. Rein äußerlich mag das »Schwammerl«, wie Freunde den Komponisten nannten, dem idealtypischen Kleinbürger entsprochen haben, mit seinem wahren Wesen hatte das Stereotyp freilich wenig gemein. Rund 1 000 Werke hat uns Schubert hinterlassen, der am 19. November 1828 im Alter von erst

31 Jahren an einer Typhusinfektion starb – Liederzyklen wie die grandiose »Winterreise«, Messen, Symphonien, alle Arten von Kammermusik, die zum Schönsten der Musikgeschichte überhaupt zählen. Kritik gab es auch: So soll Strawinsky gefragt worden sein, ob er bei den berühmt-berüchtigten »Längen« in Schuberts Musik nicht einschlafe. Doch der Komponistenkollege antwortete: »Was tut's, da ich mich beim Erwachen im Paradies wähne?«

ERWACHEN IM PARADIES: FRANZ SCHUBERT

Das Bild des geselligen »Liederkönigs«, der im Kreis von Freunden ungezwungen musiziert, prägt unsere Vorstellung von Franz Schubert bis heute. Auch das 1897 entstandene Gemälde von Julius Schmid (oben rechts) zeigt eine solche Zusammenkunft. Das Denkmal steht im Wiener Stadtpark. Schuberts Geburtshaus, in dem auch sein Originalklavier zu sehen ist, findet man in der Nussdorfer Straße 54 im 9. Bezirk.

AUSSERHALB DES GÜRTELS: WIENS RANDBEZIRKE

Mit über 2,6 Millionen Besuchern im Jahr führt Schloss Schönbrunn die Hitliste aller Touristenattraktionen von Wien, ja sogar von ganz Österreich an. Doch die Sommerresidenz der Habsburger im westlichen Nobelbezirk Hietzing ist beileibe nicht die einzige Sehenswürdigkeit an Wiens Peripherie.

Vor allem Freunde moderner Architektur kommen hier verschiedenerorts voll auf ihre Rechnung. Auch Wanderer finden an den dicht-grünen Ausläufern des Wienerwalds ein reiches Betätigungsfeld. Und »fürs Gemüt« gibt es, je nach Geschmack, Heurigenorte oder geschichtsträchtige Friedhöfe.

Ein Klassiker unter den Ansichten von Wien: Schloss und Park Schönbrunn: Von den mehr als 1400 Räumen des extrem lang gestreckten Gebäudekomplexes sind die prunkvollsten 40 bei Führungen zugänglich. Durch sie werden an Spitzentagen bis zu 11 000 Schaulustige geschleust.

DER GÜRTEL

Jene vielspurige Straße, die sich wie ein Gürtel um den Wiener Stadtkern legt, wurde kurz vor dem Jahr 1900 anstelle des sogenannten Linienwalls, eines vorgelagerten Verteidigungsringes, angelegt. Von Anfang an diente sie auch als Trasse für die von Otto Wagner entworfene Stadtbahn, auf der heutzutage die Linie U6 verkehrt. Lange Zeit blieb diese heftig umtoste Hauptverkehrsachse der Stadt von den Städteplanern vernachlässigt. In jüngster Zeit gelang es jedoch, ihr streckenweise ein wohnlicheres, ja punktuell sogar architektonisch avantgardistisches Gepräge zu verleihen. So sind zum Beispiel in die Ziegelgewölbe etlicher Stadtbahnbögen im Bereich des 6. und 7. Bezirks schicke Bars und Musiklokale eingezogen. Gewichtige kulturelle Akzente setzen auch die Volksoper und nicht zuletzt die äußerst reich bestückte, im Jahr 2003 eröffnete Hauptbücherei der Stadt Wien.

Verkehrstechnisch gesehen ist die Wiener Gürtelstraße eine unverzichtbare Lebensader der Stadt. Auf dem Urban-Loritz-Platz nahe der Stadthalle hat man den Haltestellenbereich mit Zelthäuten überspannt. Aufgenommen wurde das große Bild vom Dach der Hauptbücherei, einem Flaggschiff von Wiens postmoderner Gebrauchsarchitektur. Oben: Verkehrsbauten der von Otto Wagner gestalteten Stadtbahn.

GASOMETER

Eines der Vorzeigeprojekte von Wiens zeitgenössischer Architektur ist die Gasometer-City. Wie in vielen anderen Städten war in Wien seit alters her das »Westend« den noblen Villen und das »Eastend« der Industrialisierung und den Arbeiterbezirken vorbehalten. Im Lauf der Zeit verkam allerdings Letzteres in Wien zum desolaten Brachland. Umgeben von Schlachthöfen, Müll- und Lagerplätzen prägten dort, 65 Meter im Durchmesser, 72 Meter hoch und mit historistischen Ziegelfassaden kaschiert, vier Gasometer die Szenerie. Sie harrten, nach ihrer Stilllegung im Jahr 1985 unter Denkmalschutz gestellt, dringend einer Neunutzung. Die Lösung bestand darin, die Industrieruinen mit geförderten Wohnungen zu füllen. Das Ergebnis: ein neues urbanes Zentrum mit 600 Wohneinheiten, einer mehrgeschossigen Shopping Mall und einer Veranstaltungshalle für 4000 Besucher.

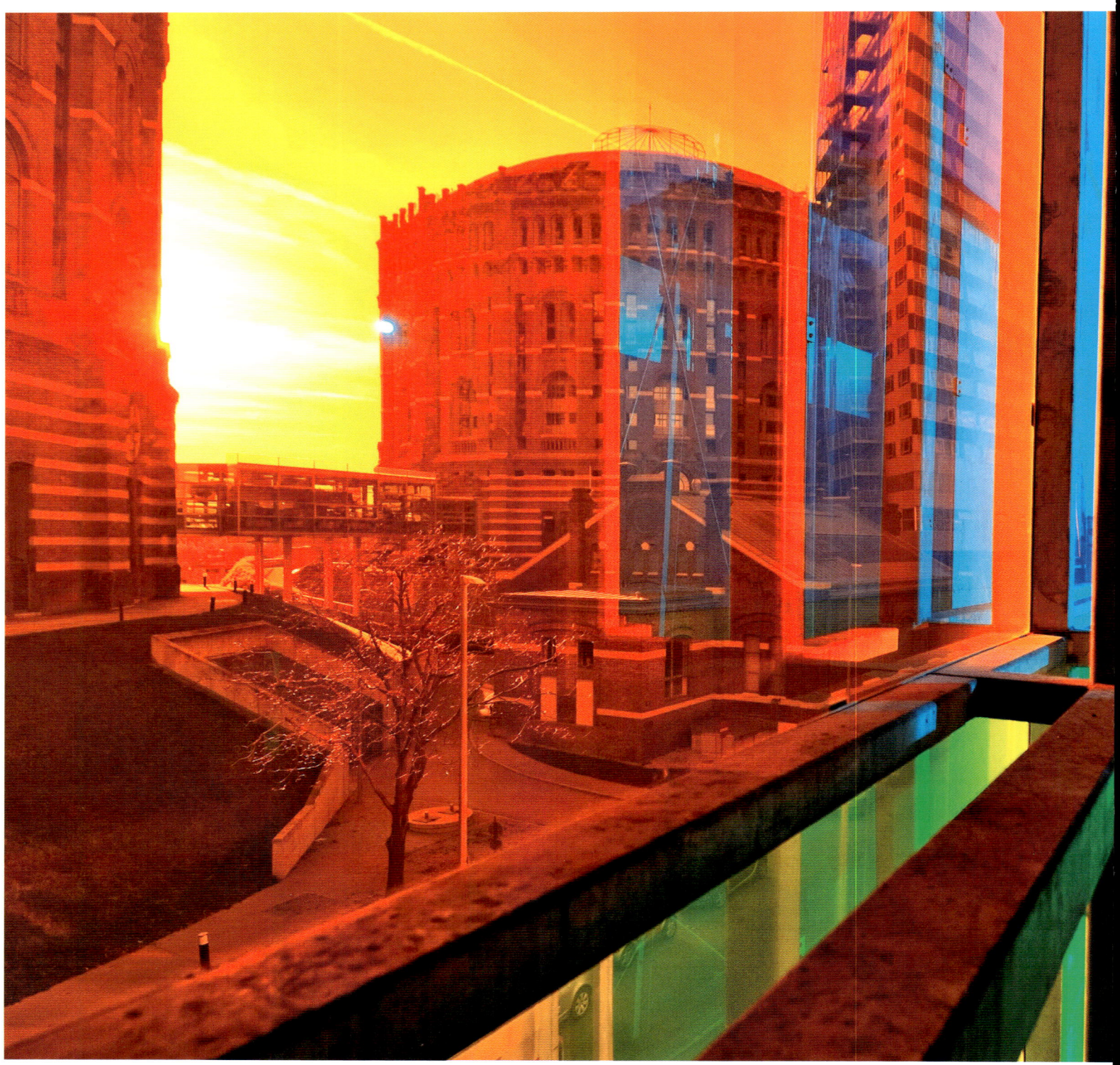

Die Gemeinde überließ jeden der vier, je 90 000 Kubikmeter fassenden Gasometer einem anderen Stararchitekten zur Gestaltung. Betraut wurden Jean Nouvel, Manfred Wehdorn, Wilhelm Holzbauer und Coop Himmelb(l)au. Die Gesamtnutzfläche der Gasometer-City, die mit der U3 bequem in wenigen Minuten vom Stadtzentrum aus zu erreichen ist, beträgt 220 000 Quadratmeter – mehr als der Potsdamer Platz in Berlin.

ZENTRALFRIEDHOF

Wiens zentrale Begräbnisstätte liegt im südöstlichs-ten Bezirk Simmering, auf halbem Weg zwischen der Stadt und dem Flughafen von Schwechat. Sie wurde im Jahr 1874 eröffnet und umfasst auf 2,4 Quadratkilometer Fläche mehr als 300 000 Gräber, in denen etwa drei Millionen Menschen ihre letzte Ruhe fanden. Dieses »Aphrodisiakum für Nekro-phile«, wie der scharfzüngige André Heller den »Zentral« einmal nannte, ist freilich nicht bloß ei-ner der größten Gottesäcker des Kontinents, son-dern auch ein sehr wienerischer Ort, an dem spe-ziell zu Allerheiligen eine fast rührselig-melancho-lische Familienausflugsstimmung herrscht. Zu Füßen der von Max Hegele im Jugendstil entworfe-nen Dr.-Karl-Lueger-Gedächtniskirche findet sich die Abteilung der Ehrengräber. Hier liegen viele der ganz Großen, von Beethoven, Brahms und Schubert bis Nestroy und Schnitzler, bestattet.

Die Morgenstimmung in der Israelitischen Abteilung (großes Bild und oben links; oben rechts einige der imposanten Grabskulpturen) macht den Alltagstrubel jenseits der Friedhofsmauern vergessen. Ein Spaziergang über den »Zentral« ist freilich auch eine kulturgeschichtliche Tour d'horizon. Bildleiste rechts, von oben: die letzten Ruhestätten von Hans Moser, Johann Strauß, Helmut Qualtinger und Franz Werfel.

WIEN UND DER TOD – EINE EWIGE LIEBE

Es heißt, die Wiener unterhielten im Vergleich zu anderen Großstädtern eine besonders intime Beziehung zum Tod. In der Tat ist von ihm auffällig oft in ihren Liedern die Rede. Bis heute hoch im Kurs steht eine »schöne Leich'«, sprich: ein repräsentatives Begräbnis mit prunkvollem Kondukt und großer Trauergemeinde, mit einer stimmigen musikalischen Umrahmung, pathetischen Nachrufen und opulentem Leichenschmaus, das so viele als Fanal ihres bescheidenen Lebens erhoffen. Und bei der Selbstmordstatistik rangierte die Stadt lange Zeit im internationalen Spitzenfeld. Kein Wunder also, dass Einheimische ihren Gästen den Gang über die Gottesäcker sehr ans Herz legen. Auch aus kulturhistorischen Gründen: Immerhin fanden in Wiener Vorortfriedhöfen manche Künstlergrößen ihre letzte Ruhe – Klimt und Wagner zum Beispiel (in Hietzing), Mahler (in Grinzing), Schiele (in Ober St. Veit) und natürlich Mozart (in St. Marx). Apropos alte Gottesäcker an der Stadtperipherie: Diese wurden gegen Ende des 18. Jahrhunderts auf Geheiß des Reformkaisers Joseph II. angelegt, um die sanitären Verhältnisse innerhalb der Stadtmauern zu verbessern. Aber nach der Gründung des Zentralfriedhofs im Jahr 1874 ließen die Gemeindeväter die meisten dieser »communalen Leichenhöfe« auflösen und in grüne Erholungsflächen umwandeln.

Ein beliebter Pilgerort unter Melancholikern ist der Friedhof der Namenlosen. Er liegt im äußersten Südosten, nahe dem Alberner Hafen, und birgt die sterblichen Überreste jener in der Donau Ertrunkenen, deren Leichen hier angespült wurden und nicht identifizierbar waren. Unten links: Friedhofskapelle; oben: die Ruhestätten von Unbekannten. Unten rechts: ein von einem Engel bewachtes Grab auf dem Zentralfriedhof.

KARL-BORROMÄUS-KIRCHE

Wer dem Zentralfriedhof weit draußen im 11. Bezirk einen Besuch abstattet, der erweist nicht nur drei Millionen Toten, darunter zahlreichen Geistesgrößen von Weltruhm, die Reverenz. Er stößt auch auf spannende Architektur. Die in den Jahren 1908 bis 1910 erbaute Kirche, die da – effektvoll am Schnittpunkt der beiden Hauptsichtachsen des weitläufigen Areals positioniert – alle Blicke auf sich zieht, gilt neben Otto Wagners Kirche am Steinhof als wichtigster Sakralbau aus der Zeit des Wiener Jugendstils. Ihr Architekt, Max Hegele – der übrigens auch das Haupttor des Friedhofs und die beiden Aufbahrungshallen zu dessen Seiten schuf –, kombinierte äußerst gekonnt historistisches Formvokabular wie den runden Grundriss, die monumentale Kuppel und die flankierenden Arkaden mit secessionistischer Ornamentik. Er wird deshalb als gemäßigter Modernist er- und geachtet.

KARL-BORROMÄUS-KIRCHE

Max Hegeles Kirche steht unter dem Patrozinium des Mailänder Pestheiligen Karl Borromäus. Doch seit in ihrer Krypta 1910 der damals populäre Bürgermeister Karl Lueger seine letzte Ruhe gefunden hat, wird sie auch Lueger-Gedächtnis-kirche genannt. Unten: Rund 21 000 Mosaikstei-ne wurden benötigt, um die Kuppel mit einem Strahlenkranz und 999 goldenen Sternen auf blauem Hintergrund auszukleiden.

WIENERBERG

Der Wienerberg, ein Hügelrücken am südlichen Rand von Favoriten, Wiens bevölkerungsreichstem Bezirk, ist bekannt für seine Lehmvorkommen, die schon die Römer zur Ziegelherstellung nutzten. Im 19. Jahrhundert waren die hiesigen Ziegeleien die größten der Welt – und die Lebensbedingungen für die vielen aus den Kronländern zugewanderten Arbeiter ein Inbegriff für soziale Ausbeutung. Der an Wiens Börse notierte Konzern Wienerberger AG ist noch heute der weltgrößte Ziegelhersteller. Doch dort, wo einst seine Wiege stand, wurde der Lehmabbau schon in den 1960er-Jahren unrentabel. Auf dem Brachland mit seinen zahlreichen Ziegelseen hat man seither ein 90 Hektar großes, stadtökologisch wertvolles Naturerholungsgebiet geschaffen. Daneben wächst seit dem Jahr 1999 die Wienerberg-City himmelwärts, ein neuer Stadtteil mit hypermodernen Wohn- und Bürohochhäusern.

Das neue Geschäfts- und Wohnviertel Wienerberg-City verlieh Wiens südlicher Stadtsilhouette
ein futuristisches Antlitz (unten; oben: das Ter-
rassenhaus Buchengasse). Die Pläne für viele
der Hochhaustürme stammen von international
renommierten Architektenbüros wie Coop
Himmelb(l)au, Delugan Meissl oder Albert Wim-
mer. Das inoffizielle Wahrzeichen, den Vienna
Twin Tower, entwarf Massimiliano Fuksas.

VOM SPÄTEN HISTORISMUS ZUM FRÜHEN JUGENDSTIL: WIENER STADTBAHN

Otto Wagner gilt als Vater von Wiens moderner Stadtstruktur und schuf mit seinem vorwiegend durch Zweck, Material und Konstruktion bestimmten »Nutzstil« die Grundlagen für eine radikal neue Ästhetik. Mit seinem Projekt Stadtbahn bescherte er Wien ein erstes funktionstaugliches Massenverkehrsmittel. Die Stationsgebäude, die eleganten Brücken, Rampen und Unterführungen stehen in ihrer Gesamtheit unter Denkmalschutz und prägen bis heute das Stadtbild von Wien. Besondere Schmuckstücke sind die zwei Pavillons am Karlsplatz, von denen der westliche seit 2005 eine Dauerausstellung zu Wagners Leben und Werk beherbergt. Die beiden stellen auch architektonisch einen Sonderfall dar, da sie als einzige im Stahlskelettbau ausgeführt, mit Marmorplatten verkleidet und von Joseph Maria Olbrich reich mit (Blumen-)Ornamenten dekoriert sind. Eröffnet wurden die Routen entlang dem Gürtel, dem Wiental, dem Donaukanal und der Vorortlinie etappenweise in den Jahren 1898 bis 1901. Die Züge betrieb man zunächst mit Dampf. 1924 wurden die bis dahin von der k.k. Staatsbahn administrierten Anlagen an die Gemeinde Wien verpachtet und elektrifiziert. Seit den späten 1970er- bzw. 1980er-Jahren sind sie ein integraler Bestandteil des modernen U- und Schnellbahnnetzes.

VOM SPÄTEN HISTORISMUS ZUM FRÜHEN JUGENDSTIL: WIENER STADTBAHN

Das Stationsgebäude Schönbrunn (unten) an der Lirie U4 ist nur einer von rund zwei Dutzend nach wie vor genutzten alten Stadtbahnbauten. Oben links: eine Wagner'sche Brücke entlang der Gürtellinie U6, die freilich weit über den Gürtel hinaus, nämlich von Floridsdorf im Norden bis nach Siebenhirten verkehrt. Oben rechts: eine Garnitur des Typs »Silberpfeil«, wie sie auf Wiens fünf U-Bahn-Linien unterwegs sind.

SCHLOSS SCHÖNBRUNN

Die Ikone des imperialen, barocken Wien schlechthin ist das im westlichen Villenbezirk Hietzing gelegene Schloss Schönbrunn. Als feudale Schöpfung des frühen 18. Jahrhunderts spiegelt es die Lust am architektonischen Überschwang, die nach dem Triumph über die Türken die aristokratischen Bauherren beflügelte. In seiner heutigen Form ist der sonnengelb getünchte Schlosskomplex das Ergebnis eines massiven, in den Jahren 1744 bis 1749 von Nikolaus Pacassi und Fischer von Erlach d. J. geleiteten Umbaus. Bis zum Jahr 1918 war Schönbrunn die Sommerresidenz der Habsburger. Heute besichtigen in der Hochsaison bis zu 11 000 Schaulustige täglich die prunkvollen Kaiserappartements, die historischen Kutschen in der Wagenburg, das Palmenhaus wie den Tiergarten, und durchwandern den weitläufigen, mit Rondellen, Hecken, Teichen, Brunnen und Statuen kunstvoll gestalteten Park.

Vom Ehrenhof an der Nordseite des Haupttraktes (unten) aus lässt sich die beeindruckende Größe des »österreichischen Versailles« gut erfassen. Der im Süden angrenzende Park ist durchzogen von streng symmetrischen Alleen und durchsetzt mit zahlreichen Brunnen und Skulpturen. Oben: Blick durch den Kammergarten auf die Westfassade. Ihr zu Füßen gelangt man vom Ehrenhof in das große Gartenparterre.

SCHLOSS SCHÖNBRUNN: PRUNKRÄUME

Der ausladende Schlosskomplex von Schönbrunn umfasst insgesamt 1441 Räume. Nur ein winziger Teil davon kann im Rahmen von knapp einstündigen Führungen besichtigt werden, aber freilich haben es diese 40 Schauräume in sich: teils mit ostasiatischen Lacktafeln, teils mit Brüsseler Gobelins behängt, mit kostbarsten Hölzern und mehreren Hundert indischen Miniaturen getäfelt, entführen sie den Besucher in eine spätbarocke Welt über-

bordender Fantasie. Merklich schlichter möbliert sind das Arbeits- und das Schlafzimmer von Kaiser Franz Joseph I. und seiner Gemahlin Elisabeth, besser bekannt als »Sisi«. Den unbestrittenen Höhepunkt des innenarchitektonischen Überschwangs bildet die Große Galerie, die mit ihren Kristallspiegeln, kolossalen vergoldeten Holzlüstern und reichen Stuckornamenten noch heute häufig den feierlichen Rahmen für Festbankette und Bälle bietet.

Das größte Staunen ruft bei Führungen die Große Galerie hervor (unten links). Sie liegt im Zentrum des Haupttrakts, misst 43 Meter und gilt nach ihrer Zerstörung 1945 durch Flieger-bomben und sorgsamen Wiederherstellung heute erneut als einer der prächtigsten Rokoko-säle Europas. Oben: das 1767 eröffnete Schloss-theater. Rechte Bildleiste von oben: Napoleon-, Vieux-Laque- und Marie-Antoinette-Zimmer.

SCHLOSS SCHÖNBRUNN: SCHLOSSPARK UND GLORIETTE

Was den Besuch von Schönbrunn – insbesondere an Schönwettertagen – zu einem absoluten Sightseeing-Höhepunkt macht, sind die diversen Begleitattraktionen. Viele davon finden sich über den mehr als einen Quadratkilometer großen Park verstreut, der mit seinen geschniegelten Kieswegen, schnurgeraden Alleen und kunstvoll arrangierten Blumenbeeten schon für sich einen ausgedehnten Spaziergang lohnt. Als da sind: eine Meierei (mit gutem Kaffee und Kuchen), eine »römische« Ruine, ein Obelisk, ein Tauben-, ein Palmenhaus, ein Botanischer und ein Rosengarten, ein Heckenlabyrinth, mehrere Brunnen, der älteste Tiergarten der Welt sowie, als Krönung im buchstäblichen Sinn, die auf einem Hügel thronende Gloriette, eine klassizistische Säulenhalle, von deren Kaffeetischchen aus man einen wunderschönen Blick hinab auf Schloss und Park genießt.

SCHLOSS SCHÖNBRUNN: SCHLOSSPARK UND GLORIETTE

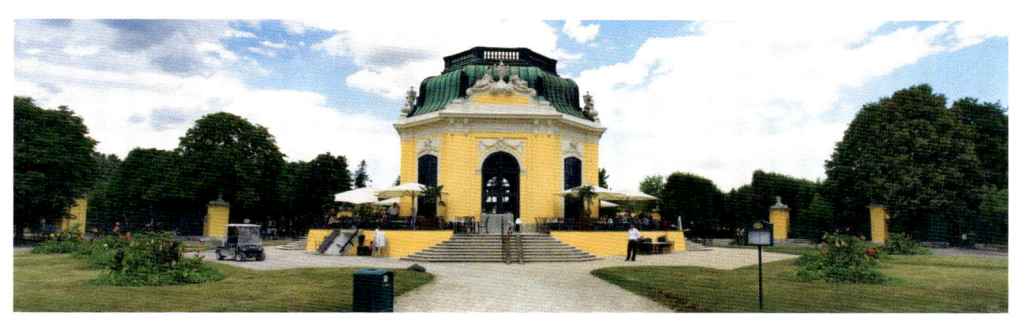

Die Gloriette (großes Bild) wurde 1775 in Erinnerung an den knapp zwanzig Jahre zuvor bei Kolin erfochtenen Sieg über die Armee Friedrichs II. von P-eußen erbaut. Viele der verwendeten Säulen und Arkaden stammen aus dem im Südosten Wiens gelegenen, längst verfallenen Renaissanceschloss Neugebäude. Kleines Bild: der 1759 errichtete, auch heute gastronomisch genutzte Kaiserpavillon im Tiergarten.

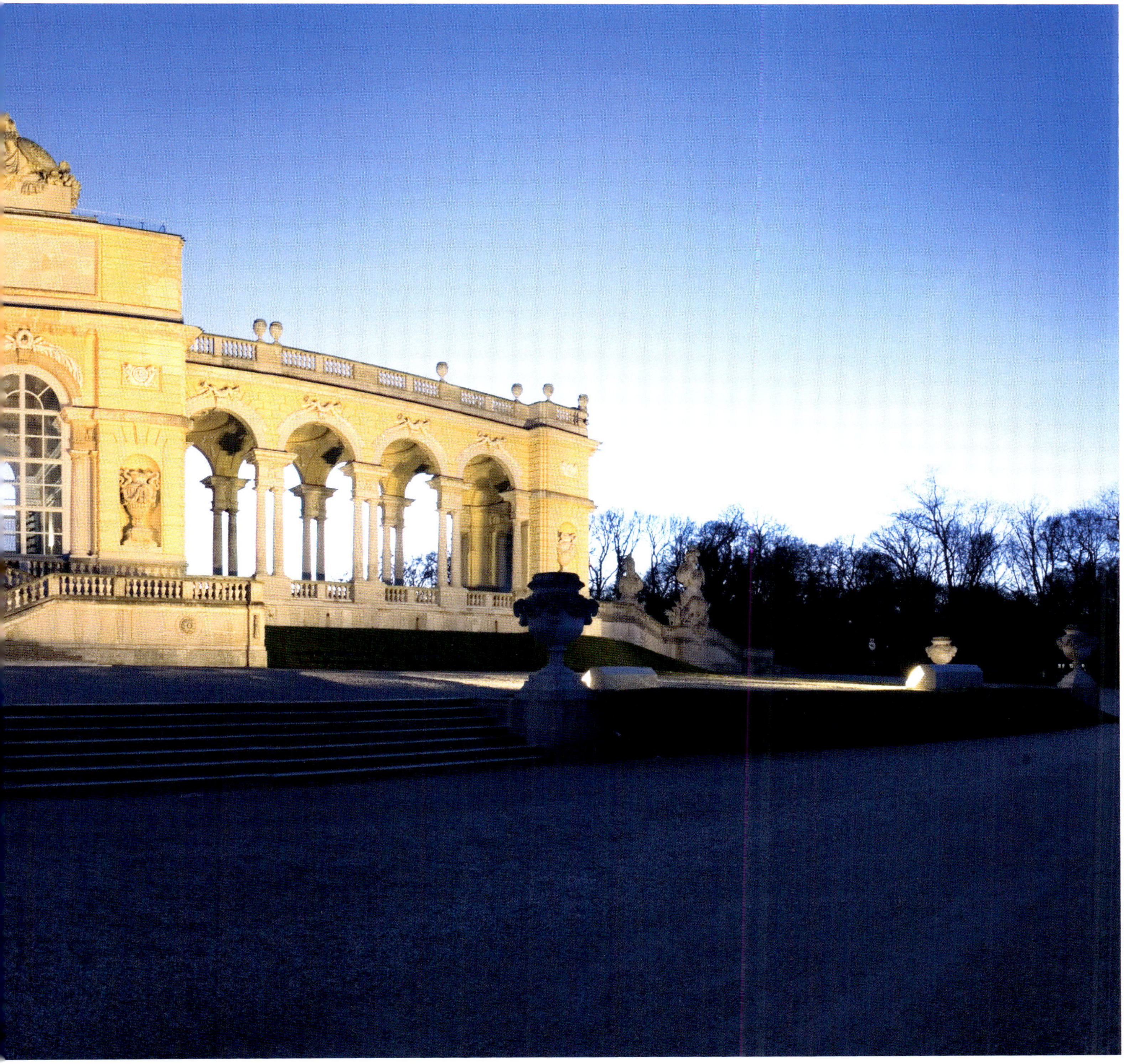

SCHLOSS SCHÖNBRUNN: PALMENHAUS, TIERGARTEN

Die gesamte Anlage von Schönbrunn hinterließ bei Besuchern noch vor 20 Jahren, vom Staat verwaltet, einen wenig gepflegten Eindruck. Mittlerweile sorgt eine private Betreibergesellschaft für eine ordentliche Instandhaltung und eine zeitgemäße Organisation. Paradebeispiel für die erfolgreiche Modernisierung ist der Tiergarten, der auch dank eines äußerst umtriebigen Direktors zum Wohle seiner Insassen runderneuert wurde. Immerhin handelt es sich bei dieser Anlage, deren historischer Kern mit seinen ringförmig angeordneten Gehegen aus dem Gründungsjahr 1752 erhalten blieb, um den ältesten Zoo der Welt. Sehr besuchenswert und von Grund auf saniert ist auch das monumentale Palmenhaus. Die dreiteilige, komplett verglaste Gusseisenkonstruktion entstand in den Jahren 1881 und 1882 und birgt eine reichhaltige Sammlung exotischer Pflanzen.

SCHLOSS SCHÖNBRUNN: PALMENHAUS, TIERGARTEN

In der letzten Jahren hat die Population des Tiergartens an Größe und Vielfalt stark zugenommen. Dank baulicher Erweiterungen genießen viele Tiere, etwa Eisbären, Lemuren, Gibbons oder Pandas (linke und rechte Bildleiste), ein deutlich artgerechteres Ambiente als früher. Die Zebrafamilie wohnt jedoch weiterhin in den engen Barockgehegen. Nahe dem Haupteingang des Zoos steht das Palmenhaus (oben).

HERMESVILLA, LAINZER TIERGARTEN

Der Lainzer Tiergarten ist ein rund 2450 Hektar gro-ßes Wald- und Wiesengebiet im Westen des 13. und 23. Bezirks. Schon im Mittelalter traf sich hier die höfische Gesellschaft zur Jagd, 1787 wurde zum Schutz der umliegenden Landwirtschaft eine rund 24 Kilometer lange Mauer um das kaiserliche Jagdrevier gezogen. Heute ist der Lainzer Tiergar-ten ein Naturschutzgebiet, das auf – insgesamt et-wa 80 Kilometer langen – markierten Wegen er-schlossen werden kann und an dessen kaiserliche Vergangenheit noch die Hermesvilla erinnert, hin-ter deren historistischer Fassade das Wien-Museum regelmäßig interessante Sonderschauen veranstal-tet. Errichtet wurde sie von Karl von Hasenauer für Kaiser Franz Joseph, der damit seine rastlose Ge-mahlin Elisabeth (»Sisi«) fester an Wien binden wollte. Im Garten der Villa wacht der namengebende Götterbote als Marmorstatue.

HERMESVILLA, LAINZER TIERGARTEN

Kaiser Franz Joseph ließ für seine Frau 1882 bis 1886 im Lainzer Tiergarten ein Jagdschlösschen zur Hermesvilla umbauen. Die großen Bilder zeigen das Schlafgemach und eine Hermes-Statue. Von den breiten Spazierwegen kann man immer wieder frei laufende Tiere erspähen (oben). Das 26 Quadratkilometer große, seit den Zeiten Maria Theresias ummauerte Areal wird von Rehen, Hirschen und Wildschweinen bevölkert.

KRÄFTIGE FARBEN UND ÜPPIGE ORNAMENTIK: ERNST FUCHS

»Was an Fuchs besticht, ist seine hohe Intelligenz, seine enorme Belesenheit und seine sprühende Fantasie, die sich wie eine lang aufgestaute Quelle ergießt und alles in Begeisterung mitreißt; sie scheint nie zu versiegen. In ihm hat man eine Kultur von 3000-jähriger Herkunft vor sich, die er mit seinen Werken repräsentiert«: Arno Breker, der solcherart von seinem Freund Ernst Fuchs schwärmte, mag politisch umstritten sein, traf hier aber den Nagel auf den Kopf. Denn nicht viele lebende Künstler vermögen auf eine solche Karriere zurückzublicken. Schon im zarten Alter von sechzehn Jahren begann der 1930 in Wien Geborene bei Albert Paris Gütersloh an der Akademie zu studieren. Seine im Stil der alten Flamen gearbeiteten Tableaus aus jenen Jahren zeugen von einer stupenden Maltechnik und – von Bibel, Kabbala und Mythologie inspiriert – tiefer Spiritualität. Bereits im Jahr 1949 gab Fuchs in Paris, wohin er wenig später übersiedelte, eine erste Einzelausstellung. Nach mehrjährigen Reisen zurück in Wien, erhielt er 1962 eine Professur und wurde zum Mitbegründer der hiesigen Schule des Fantastischen Realismus. Parallel betätigte er sich als Bildhauer, Opernausstatter, Musiker und in den 1990-Jahren als Gestalter von Gebäuden, deren Markenzeichen stets kräftige Farben und üppige Ornamentik sind.

KRÄFTIGE FARBEN UND ÜPPIGE ORNAMENTIK: ERNST FUCHS

1972 erwarb Ernst Fuchs die Otto-Wagner-Villa in Wien-Hütteldorf und begann diese nach seinen persönlichen architektonischen Vorstellungen zu gestalten. Lange nutzte er das in einen Prachtgarten gebettete Anwesen (auf dem alle Bilder dieser Doppelseite entstanden) als Wohnsitz und Atelier. Mittlerweile ist es als „Privatmuseum Ernst Fuchs" öffentlich zugänglich. Der Maestro lebt seit 1988 in Monaco.

KIRCHE AM STEINHOF

Architekturinteressierte finden im Westen Wiens abseits der üblichen Besucherpfade etliche Trouvaillen von Weltruf: in Hietzing zum Beispiel mehrere Villen von Adolf Loos, in Ober St. Veit die Werkbundsiedlung, für die 1930 neben Loos etwa auch Josef Hoffmann, Richard Neutra, Oswald Haertl und Gerrit Rietveld Musterhäuser entwarfen; und jenseits des Wienflusses, in Penzing, eine Nobelvilla von Otto Wagner. Dem Genius Wagners ist auch das sakrale Hauptwerk des Jugendstils zu verdanken, das mit seiner von zwei Türmen flankierten, patinierten Kuppel von der Baumgartner Höhe, einem Abhang des Wienerwalds, weithin ins Land grüßt. Diese in den Jahren 1904 bis 1907 erbaute, dem heiligen Leopold geweihte Kirche am Steinhof steht auf dem Gelände einer Nervenheilanstalt, deren gesamte Anlage mit ihren 61 Pavillons ebenfalls auf Plänen Otto Wagners gründet.

KIRCHE AM STEINHOF

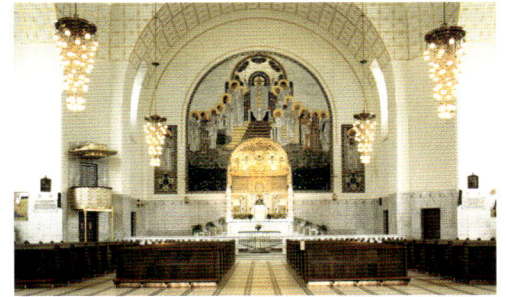

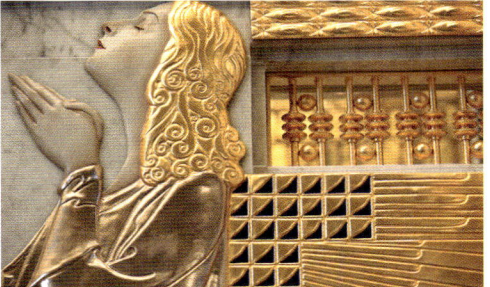

Die Kirche zum »hl. Leopold« ist ein stilistisches Gesamtkunstwerk. Denn Otto Wagner schuf nicht nur den würfelförmigen, im Inneren lichtdurchfluteten Baukörper, sondern bis ins kleinste Detail auch dessen Innenausstattung, von den Altären und dem Tabernakel über die Beichtstühle und Beleuchtungskörper bis zum liturgischen Gerät. Für die Glasmosaiken der Fenster lieferte Koloman Moser die Entwürfe.

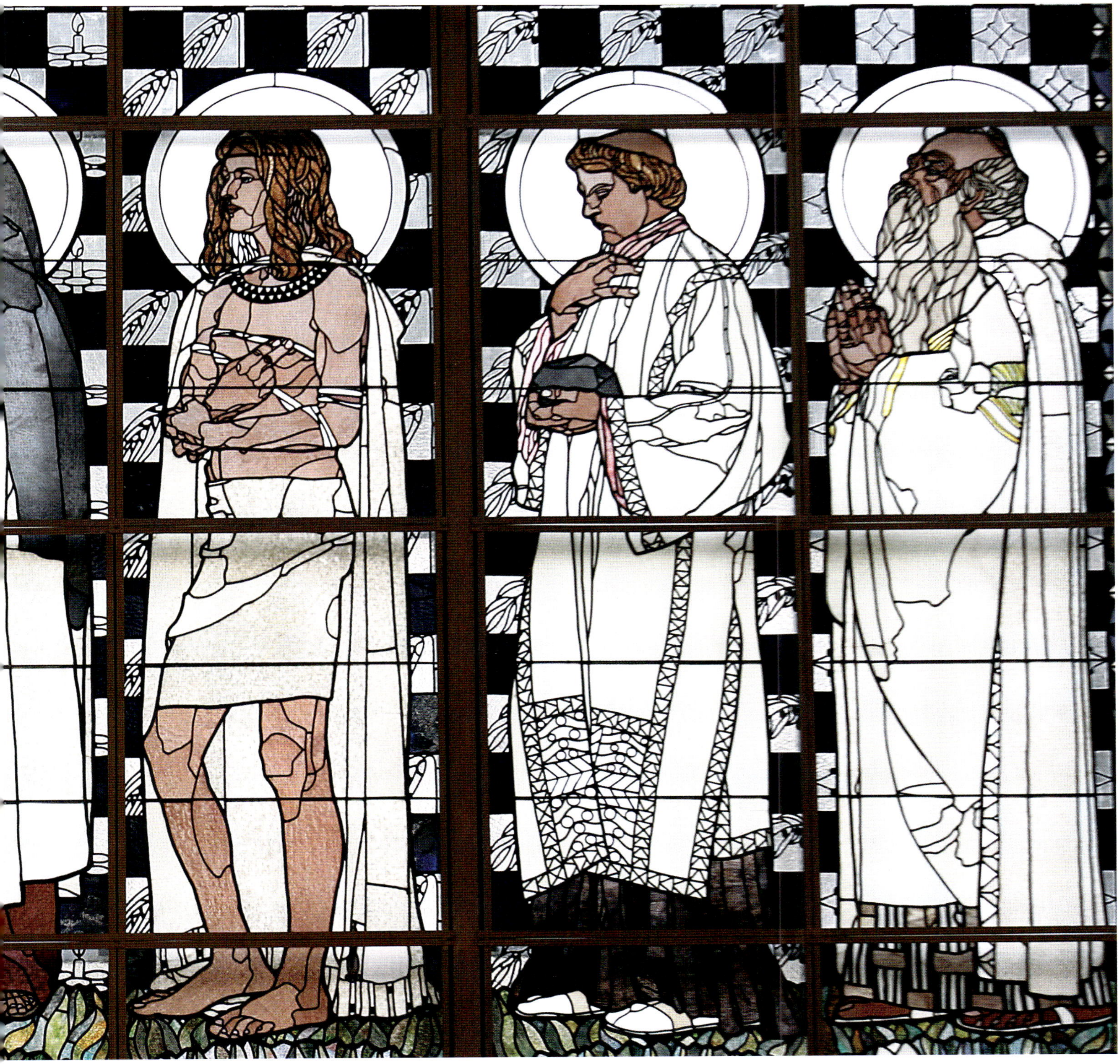

TECHNISCHES MUSEUM

Jung und Alt aufgepasst! In diesem nur wenige Gehminuten von Schloss Schönbrunn entfernten pompösen Bau aus der k.u.k.-Zeit lässt sich eine spannende Zeitreise in Geschichte und Gegenwart von Industrie und Technik, Design und Gewerbe unternehmen. Ob originale Dampfloks, Rennwägen oder Doppeldecker, Turbinen, Trafos, Werkzeugmaschinen, Roboter, astronomische Uhren, Musikinstrumente oder Neue Medien: Auf 22 000 Quadratmetern bekommt man anhand historischer Schaustücke und multimedialer Elemente vielfältiges Wissen zu Bereichen wie Energienutzung, Schwerindustrie, Verkehr, Bionik, Alltags- und Umwelttechnik und vieles andere mehr vermittelt. Hinzu kommen interessante Themensonderschauen. Besonders attraktiv für Jugendliche: das Schaubergwerk und die Abteilung »Abenteuer Forschung« mit vielen interaktiven Experimentierstationen zum Anfassen.

Flug-, Dampf- und Zuggeräte unter einem Dach:
Die großen Hallen des dreistöckigen Museums,
in dem man im Jahr 2009 das 100-jährige Beste-
hen feiern konnte, bergen nicht nur großartige
Exponate. Sie sind dank ihrer eleganten Architektur schon an sich sehr sehenswert. Ein Hit für
die Kleinsten ist das »Mini«, ein kunterbunter
Erlebnisbereich für den spielerischen Erstkon-
takt mit dem Thema Technik.

KARL-MARX-HOF

Er gilt gleichsam als prototypischer »Volkswohnpalast«: der im Jahr 1930 nach Plänen Karl Ehns im Bezirk Heiligenstadt fertiggestellte Karl-Marx-Hof. Mit seinen 1325 Wohneinheiten und einer Länge von 1000 Metern ist dieser mit riesigen Höfen, Torbögen und Türmen ausgestattete Superblock ohne Zweifel der berühmteste Gemeindebau des »Roten Wien«. Elf Jahre zuvor, Anfang Mai 1919, hatte die Einführung des allgemeinen Wahlrechts auch für Frauen den Sozialdemokraten die absolute Mehrheit im Gemeinderat beschert und ihnen ermöglicht, ihre kommunalen Grundsätze zu verwirklichen. Bis zum Jahr 1934 entstanden 357 Wohnanlagen mit insgesamt mehr als 63 000 Wohnungen – sozial- und finanzpolitisch, aber auch logistisch eine damals europaweit einmalige Leistung, die der Arbeiterschaft neben menschenwürdigem Lebensraum auch ein neues Selbstbewusstsein verliehen.

Bei der Grundstruktur war Fritz Ehn, ein offensichtlich vom Kubismus inspirierter Otto-Wagner-Schüler, um moderne Formgebung, aber auch eine hohe Wehrhaftigkeit bemüht. Nur vier Jahre nach seiner Eröffnung stand der Karl-Marx-Hof denn auch im Zentrum blutiger Bürgerkriegskämpfe. Bei der Gestaltung im Inneren sorgte man vor allem für viel Helligkeit, Funktionalität und Komfort.

AUF DEN SPUREN VON LUDWIG VAN BEETHOVEN

Ludwig van Beethovens Leben ist in erster Linie mit zwei Städten verknüpft: mit Bonn, wo er aufwuchs und eine erste Stellung als Hoforganist innehatte, und mit Wien, wo er berühmt wurde, den größten Teil seines Lebens verbrachte und starb. Als Pianist und Komponist, der Werke von bis dahin unerreichter Dramatik, Tiefe und Kühnheit schuf, feierte er hier glänzende Erfolge. Später musste er sich wegen zunehmender Taubheit – wohl die Folge einer nicht behandelten Mittelohrentzündung in der Kindheit – auf das Komponieren beschränken.

Während seiner 35 Jahre in Wien – wohin er im Jahr 1793 zunächst nur für einen Studienaufenthalt umgesiedelt war – logierte Beethoven an rund 80 verschiedenen Adressen. Zu den berühmtesten zählt – neben dem Pasqualati-Haus auf der Mölkerbastei vis-à-vis der Universität – das sogenannte Beethovenhaus am Pfarrplatz, Ecke Eroicagasse.

Heute beherbergt das 300 Jahre alte Gemäuer, in dem Teile der Neunten Symphonie entstanden, einen der Paradeheurigen Wiens – den »Mayer am Pfarrplatz«. Wenige Schritte weiter, in der Probusgasse, befindet sich eine weitere Gedenkstätte für den rastlosen Großmeister: das »Haus des Heiligenstädter Testaments«. Dort ist das Faksimile des oft zitierten pessimistischen Vermächtnisses nebst einigen Skizzenblättern ausgestellt.

AUF DEN SPUREN VON LUDWIG VAN BEETHOVEN

Im Innenhof des Heiligenstädter Testamentshauses (unten links) könnte man meinen, dass dort die Zeit seit dem frühen 19. Jahrhundert stehen geblieben wäre. Das Denkmal mit dem vollmähnigen Maestro steht im Foyer des Konzerthauses, ein zweites ganz in der Nähe unter freiem Himmel, nämlich auf dem Beethovenplatz, und die Büste in Heiligenstadt. Oben rechts: sein Ehrengrab auf dem Zentralfriedhof.

GRINZING

Das altehrwürdige Winzerdorf am Fuß des Kahlenbergs ist – abgesehen vielleicht von Gumpoldskirchen – der wohl bekannteste Heurigenort im Raum Wien. Seine Nobellokale, die Namen wie »Bach-Hengl«, »Schübel-Auer«, oder »Feuerwehr-Wagner« tragen, gelten als Hort einer spezifisch wienerischen Gemütlichkeit. Sie bieten ihren Gästen in der Regel einen stimmungsvollen Garten, ein reichhaltiges Buffet und Livemusik in Form originaler Wienerlieder. Das bereits im 12. Jahrhundert nach dem Geschlecht der Grinzinger benannte Dorf ist zwar der touristische Brennpunkt des Geschäfts mit der Weinseligkeit. Doch in nächster Nähe laden weitere, deutlich weniger kommerzialisierte Heurigenorte zur Einkehr. Im 19. Bezirk sind das unter anderem Sievering, Nussdorf, Döbling, Heiligenstadt und das Kahlenbergerdorf, im benachbarten 18. Bezirk Neustift, Salmanns- und Pötzleinsdorf.

Der Blick in eine der typischen Gassen von Grinzing lässt verstehen, weshalb dieser älteste Weinbauernort der Stadt den vielen Reisebussen und -gruppen zum Trotz als Hort echt wienerischer Gemütlichkeit gepriesen wird. Die dörflichen Häuser stammen zum größten Teil noch aus dem 17. und 18. Jahrhundert, und hinter ihren rebenumrankten Fassaden öffnen sich Torbögen in kleine, schattige Gärten.

»WIEN BLEIBT WIEN«: BEIM HEURIGEN

»Wie schön wäre Wien ohne Wiener! / So schön wie a schlafende Frau. / Der Stadtpark wär sicher viel grüner, / und die Donau wär endlich so blau. / Wie schön wäre Wien ohne Wiener, / ein Gewinn für den Fremdenverkehr! / Die Autos ständen stumm, das Riesenrad fallet um, und die lauschigen Gassen wärn leer, / in Grinzing endlich Ruh – und's Burgtheater zu! / Es wär herrlich, wie schön Wien dann wär«: Was Georg Kreisler hier besingt – und nur ein gebürtiger (1938 aus seiner Stadt vertriebener) Wiener wie er durfte das –, fügt sich nahtlos ein in die Klage der Wiener über ihre Stadt. Helmut Qualtinger etwa meinte »Wien bleibt Wien – und das geschieht ihm ganz recht«, wobei er sich auf Karl Kraus bezog, der zwar nicht in Wien geboren, aber immerhin dort gestorben ist und seinerseits wusste, dass es sich bei der Aussage »Wien bleibt Wien« um eine Drohung handelt. »Wien bleibt Wien« ist zudem der Titel eines Marsches von Johann Schrammel – und der Name ist keine Verballhornung, sondern der eines Komponisten, der zwar nicht in Wien geboren wurde, aber fast: im heute eingemeindeten Neulerchenfeld. »Geschrammelt« wird traditionell auch beim Heurigen, der leider mancherorts zum kitschigen Klischee verkommt. Wären da nicht jene, die sich ihre authentische Atmosphäre zu bewahren wussten, nach dem Motto: »Wien bleibt Wien«.

»WIEN BLEIBT WIEN«: BEIM HEURIGEN

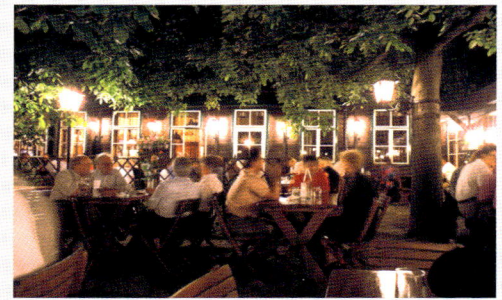

Beim Heurigen (der Begriff bezeichnet sowohl die Lokalität als auch das dort kredenzte Getränk) sitzt man in malerischen Innenhöfen oder Gewölben, schmaust Stelze (Eisbein) oder Backhendl und trinkt den meist alkoholarmen, fruchtig-spritzigen Wein Marke Eigenbau, der vorwiegend aus der letzten Ernte stammt. Markenzeichen ist der grüne Föhrenbusch über dem Eingang und eine Tafel mit der Inschrift »Ausg'steckt«.

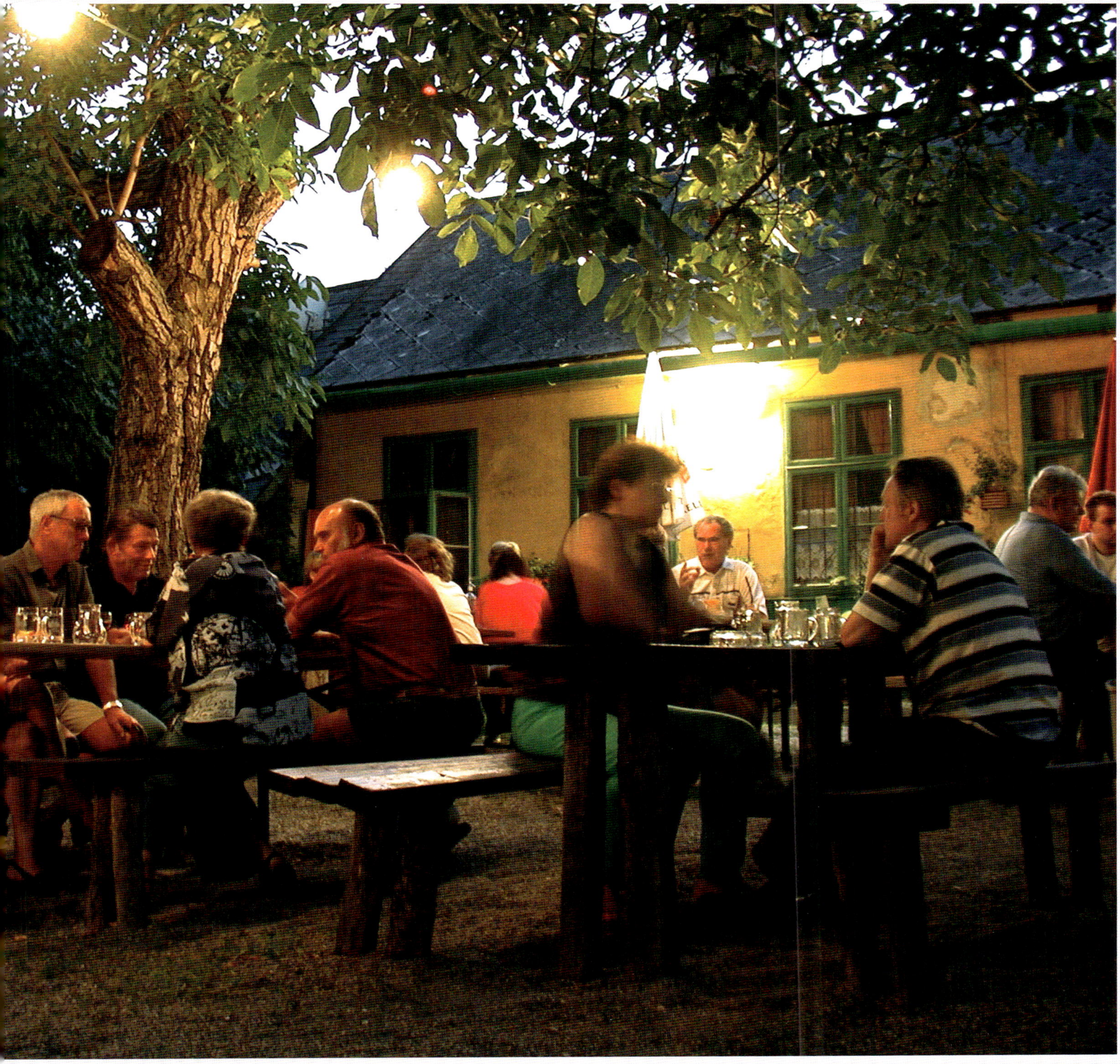

JENSEITS DES DONAUKANALS: WIENS OSTEN

Allen Klischees zum Trotz: Jahrhundertelang lag Wien nicht an, sondern neben der Donau. Erst die Regulierung des Stromes ab dem Jahr 1870 ließ die Stadt an und über seine Ufer hinauswachsen. Lange Zeit war »Transdanubien«, wie Einheimische die beiden großen östlichen Bezirke nennen, Agrar- und Arbeiterwohngebiet. Inzwischen erhebt sich rund um die UNO-City ein Kranz futuristischer Hochhäuser. Und die Lobau, die Alte und Neue Donau ziehen gemeinsam mit dem am westlichen Flussufer, im 2. Bezirk, gelegenen Prater Erholungssuchende aus dem Rest der Stadt an.

Seit 1897 dreht sich am Westende der Praterauen
eines der Wahrzeichen Wiens, das Riesenrad.
Eine Runde in einer Gondel gehört zu den
»Pflichten« jedes traditionsbewussten Touristen.
Erbaut wurde die Eisenkonstruktion nach Plänen
des britischen Ingenieurs Walter Basset.

AUGARTEN

Der über fünf Hektar große Augarten im 2. Bezirk wurde um das Jahr 1650 herum als kaiserlicher Lustgarten angelegt und 1775 von Joseph II. als älteste Grünanlage in Hofbesitz für das »gemeine Volk« geöffnet. Von der »Alten Favorita«, einem Schlösschen Leopolds I., ließ die Türkenbelagerung wenig übrig. Aus ihren Ruinen erstand der Gartensaal, in dem Mozart und später Strauß Vater Morgenkonzerte dirigierten und wo heute die berühmte Porzellanmanufaktur Augarten untergebracht ist. Im Augarten-Palais, einem Werk Johann Bernhard Fischer von Erlachs, sind seit 1948 die Wiener Sängerknaben zu Hause. Diverse Nebengebäude beherbergen unter anderem das Filmarchiv Austria, das Gustinus-Ambrosi-Museum sowie die »Austrian Contemporary«, ein Schauplatz für Gegenwartskunst. Seit der Nazizeit werfen zwei unsprengbare Flaktürme ihre Schatten auf das heitere Grün.

Der Augarten liegt im unmittelbaren Einzugs-
gebiet des in jüngsten Jahren zur Trendgegend
avancierten Karmeliterviertels und wird dem-
entsprechend zahlreich auch von Studenten,
Intellektuellen und Kreativen zur Erholung
genutzt. In der Porzellanmanufaktur bekommen
Besucher im Rahmen von Führungen Schritt für
Schritt gezeigt, wie die zerbrechliche Ware
händisch hergestellt und bemalt wird.

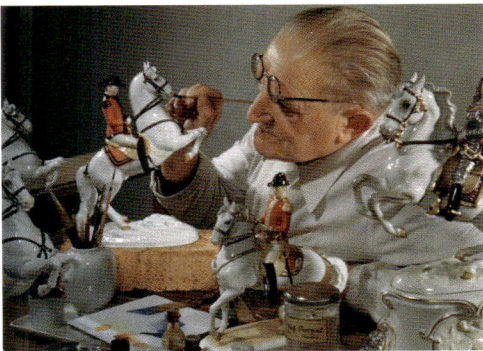

IM WALZERTAKT UM DIE WELT: JOHANN STRAUSS

Bereits sein Vater war – freilich noch in Biedermeier-erfrack – Walzerkomponist gewesen, hatte 1825 eine Tanzkapelle gegründet, mehr als 250 Werke, darunter den »Radetzky-Marsch«, komponiert und war zum neben Joseph Lanner europaweit gefeierten Repräsentanten der Wiener Tanzmusik aufgestiegen. Von der extremen Begabung des ältesten seiner drei Söhne, Johann junior, ahnte er offenbar nichts. Denn sonst hätte er ihn nicht zum Bank-beamten ausbilden lassen. Zum Glück bricht sich wahres Genie meist Bahn: Der Bengel nahm heimlich Musikunterricht. Mit Neunzehn rief er ein eigenes Orchester ins Leben und avancierte schon mit seinen ersten Kompositionen zum Publikumsliebling. Märsche, Polkas, Mazurken, Françaisen, Quadrillen, vor allem aber Walzer über Walzer, insgesamt 479 Werke, entströmten in der Folge dem unerschöpflich einfallsreichen Geist. Auf seinen Konzertreisen nach Petersburg, Berlin, London, Paris und New York genoss er den Status eines frühen Popstars und bescherte dem Wiener Walzer einen Siegeszug rund um die Welt. Nachdem Johann Strauß Sohn mit Ende vierzig Operetten zu komponieren begann, feierte er alsbald, etwa mit der »Fledermaus« oder dem »Zigeunerbaron«, auch dabei Triumphe. Kein Wunder, dass ihn Richard Wagner als »musikalischsten Schädel in Europa« rühmte.

Strauß junior war dank der Gabe, sich publikumswirksam zu präsentieren, der erklärte Liebling seiner Epoche. Dem Bezirk Leopoldstadt von Kindheit an eng verbunden, lebte er 1863 bis 1870 im Haus Nr. 54 an der Praterstraße. Seine Wohnung, in der er unter anderem den Donauwalzer schrieb, ist heute (s)eine Gedenkstätte (unten). Oben: Franz von Bayros' Gemälde »Ein Abend bei Johann Strauß«.

PRATER

Eine Oase der Erholung und Kurzweil bildet auch der Prater. Diese zwischen Donau und Donaukanal gelegene, fast 15 Kilometer lange Wald- und Wiesenlandschaft war einst ein kaiserliches Jagdrevier. Joseph II. machte es im Jahr 1766 für die Öffentlichkeit zugänglich. Das Gebiet ist von Altwasserarmen sowie von einem weit verzweigten Netz an Rad- und Spazierwegen durchzogen und bietet Hobbysportlern auch darüber hinaus eine dichte Infrastruktur. Seine zentrale Achse ist die vom Autoverkehr befreite Hauptallee. Im westlichen, stadtnahen Bereich lockt der sogenannte Wurstelprater mit Biergärten, Spielhallen und Geisterbahnen, Hightech-Schleudern und Hochschaubahnen. Und, nicht zu vergessen, mit dem Riesenrad – jener 67 Meter hohen, spektakulären Eisenkonstruktion, von deren roten Waggons man ein prächtiges Panorama auf Prater und Stadt genießt.

Die Tradition des weltbekannten Wurstelprater reicht weit in das 19. Jahrhundert zurück. Pionie- war ein gewisser Basilio Calafati, der 1830 das erste Ringelspiel aufstellte. Manche generationenalte Einrichtungen wie Schieß-buden, Grottenbahn und Ponykarussell haben alle Zeitläufte überdauert. Hinzugesellten sich erst in jüngeren Jahren zahlreiche neon-glitzernde, technoide Attraktionen.

DONAUINSEL, »COPA CAGRANA«

Rund 200 Meter breit und über 20 Kilometer lang ist jene Binnen-Adria, die das Herz jedes Freizeitsportlers höher schlagen lässt. Ob Schwimmen oder Joggen, Radfahren oder Skaten – die Möglichkeiten sind schier unbegrenzt. Dazwischen, in den Ufernischen, werden Fische geangelt und gegrillt, in den Lokalen der angrenzenden »Copa Cagrana« wird an lauen Sommerabenden gefeiert. Bis in die 1970er-Jahre bestand die Gegend aus einem öden Überschwemmungsgebiet, einer von Amateurkikkern, Stromern und Prostituierten frequentierten Steppe voll rauer Poesie. Dann wurde zeitgleich zum Bau der UNO-City und des sechsspurigen Highways Richtung Prag ein »Entlastungsgerinne« gegraben. Zwischen dieser »Neuen Donau« und dem Hauptstrom entstand die Donauinsel – eine riesige Erholungslandschaft, um die viele andere Großstädter die Wiener mittlerweile beneiden.

DONAUINSEL, »COPA CAGRANA«

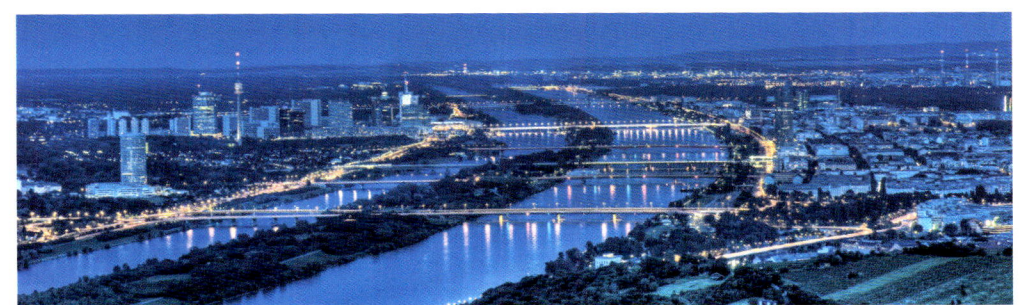

Wo Wien der Zukunft entgegenwächst: Blick von den Strandlokalen der »Copa Cagrana« auf den am östlichen Donauufer gewachsenen Kranz futuristischer Hochhäuser (unten). Oben: Aus der Distanz, vom Kahlenberg aus betrachtet, offenbart sich, wie nachhaltig die Stadtlandschaft entlang der Donau umgestaltet wurde. In der Bildmitte sieht man die Donauinsel, links davon erheben sich UNO-City und Donauturm.

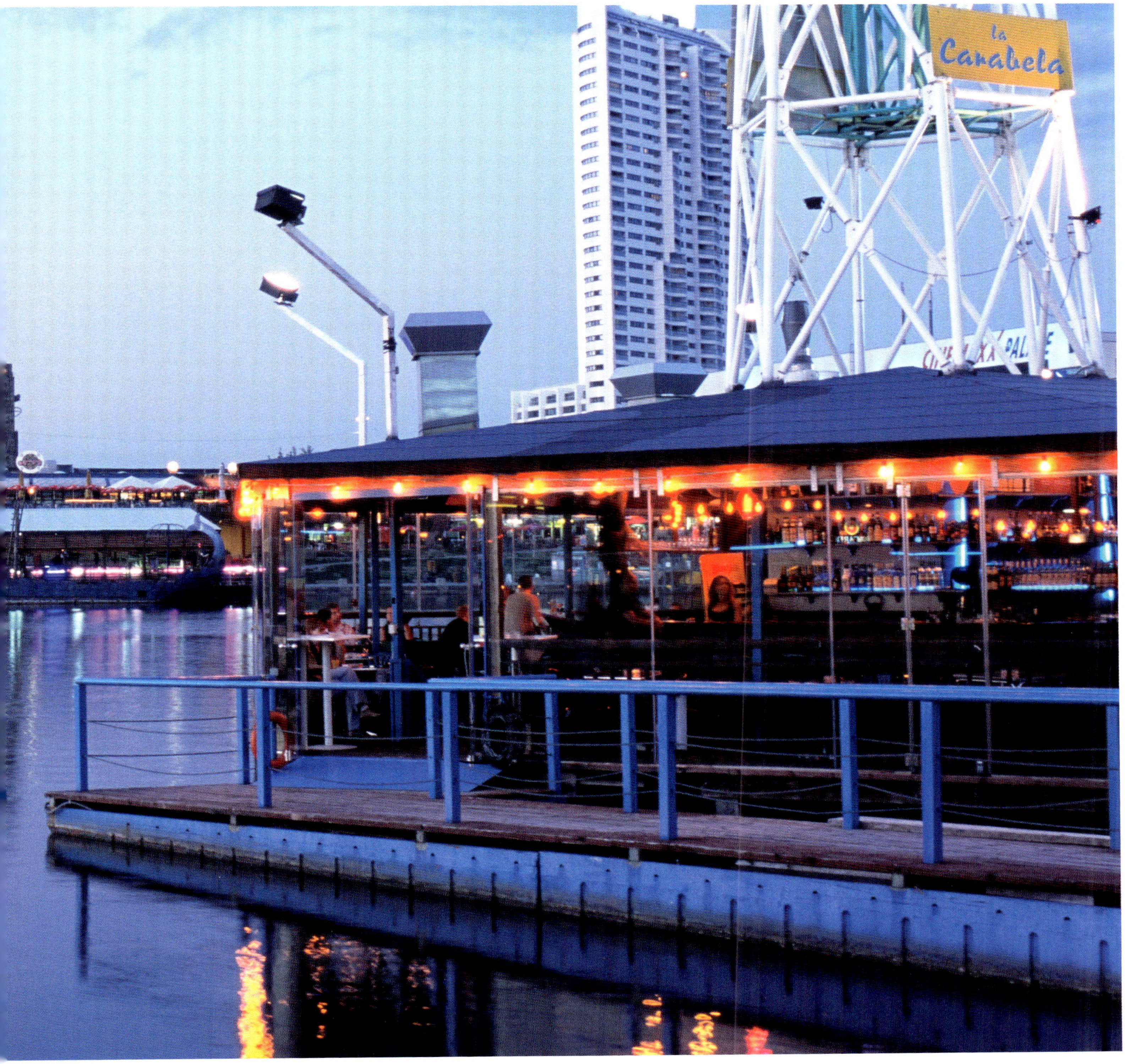

VIENNA INTERNATIONAL CENTRE

Österreichs Hauptstadt ist seit den Zeiten des Wiener Kongresses ein beliebter Schauplatz für Konferenzen und diplomatische Treffen. Einer der wichtigsten Gipfel: An der Donau trafen sich im Jahr 1961 Kennedy und Chruschtschow. Generell war das neutrale Wien im Kalten Krieg ein unverfänglicher Ort der Verständigung zwischen den Machtblöcken. Sichtbarer Ausdruck dieser Mittlerrolle ist das im Jahr 1979 eröffnete Vienna International Centre. Der mehrtürmige Komplex am Donauufer mit seinen geschwungenen Fassaden aus orangefarbenem Kunststoff und Glas ist mitsamt dem zugehörigen Austria Center – einem Tagungszentrum für 9500 Gäste – ein ästhetisches Produkt der 1970er-Jahre. Was zählt, sind die positiven politischen – und ökonomischen – Auswirkungen des Aufstiegs Wiens zum vierten UNO-Hauptquartier neben New York, Genf und Nairobi.

In der UNO-City, deren Lichter sich in der Neuen Donau spiegeln, sind etwa 5000 Mitarbeiter fest beschäftigt (unten). Sie arbeiten für diverse Organisationen der Vereinten Nationen. Oben: der Blick von der UNO-City über Wiens nordwestliche Bezirke Richtung Wienerwald. Unübersehbar ist die gläserne Nadel des Millennium Tower im 20. Bezirk, des mit 202 Metern (bis zur Spitze) höchsten Gebäudes Österreichs.

MARKSTEINE ZEITGENÖSSISCHER ARCHITEKTUR

Auch wenn es das von Historismus und Barock geprägte Stadtbild nicht vermuten lässt: Wien war zu seiner legendären Blütezeit im frühen 20. Jahrhundert auch ein Laboratorium der architektonischen Moderne: Pioniere wie Adolf Loos und Otto Wagner setzten Marksteine. Wegweisend war auch die Werkbundsiedlung in Ober St. Veit, für die 1930 die Crème de la crème der europäischen Baukünstler – von Hoffmann und Loos über Neutra und Rietveld bis Häring und Haertl – funktionelle Musterhäuser entwarfen. In den 1990er-Jahren gelang nach langer Stagnation der Anschluss an die internationale Avantgarde. Als »Schaufenster« fungiert das linke Donauufer, wo seither eine »Zweite City« himmelwärts gewachsen ist, deren kühne Formensprache eindrucksvoll mit den Kirchtürmen und Kuppeln der Altstadt kontrastiert. Als weitere Brennpunkte zeitgenössischer Baukunst, die in Fachkreisen weit über Österreichs Grenzen hinaus für Furore sorgten, gelten MuseumsQuartier, Wienerberg-City, die umgebauten Gasometer, Wohnpark Spittelau und das Nordufer des Donaukanals. Hier wie dort konnten sowohl die einheimische Prominenz wie Wilhelm Holzbauer, Hans Hollein und Coop Himmelb(l)au als auch Architekturstars aus dem Ausland, von Massimiliano Fuksas und Jean Nouvel bis Zaha Hadid, ihre Ideen in die Tat umsetzen.

Großes Bild: Die Donaucitykirche »Christus, Hoffnung der Welt« (2000) wurde von Heinz Tesar entworfen. Rechte Seite von oben: Florido Tower, Galaxy Tower und die Tuchlauben-Fassade in der Innenstadt. Oben links und rechts: der 96 Meter hohe Messeturm, das 2004 eröffnete Wahrzeichen der Wiener Messe, sowie der nach seinen Sponsoren benannte Soravia-Wing auf dem Dach des Haas-Hauses am Stephansplatz.

NATIONALPARK DONAUAUEN

»Sie sind eine Landschaft voller Wunder, ein Dschungel in unseren gemäßigten Breiten, vergleichbar nur mit einem tropischen Regenwald. Wissen wir überhaupt, was wir im Begriff sind, mit den Donauauen zu verlieren?« Also sprach Nobelpreisträger Konrad Lorenz Anfang der 1980er-Jahre, als sich Österreichs Elektrizitätswirtschaft anschickte, die einzigartige, fast 50 Kilometer lange Naturlandschaft östlich von Wien für immer zu überfluten.

Was 1984 folgte, ging als Hainburger Aubesetzung in die Annalen ein. Tausende Umweltschützer verteidigten damals das ökologisch sensible Biotop gegen die anrollenden Rodungsmaschinen der Baulobby. Dank ihres Engagements wurde der Talabschnitt statt zum öden Stausee zum Rückzugsraum für bedrohte Tier- und Pflanzenarten, zum wertvollen Grundwasserreservoir und 1996 zum weltweit ersten Auen-Nationalpark. Wer heute auf

eigene Faust oder im Rahmen geführter Exkursionen, sei es zu Fuß, im Boot oder, etwas bequemer, in einer Kutsche, die grüne Wildnis am großen Strom durchstreift, den erwartet ein Erlebnis der besonders raren und intensiven Art. Über 5000 verschiedene Tierarten, vor allem Wasservögel und Amphibien, haben in diesem mehr als 90 Quadratkilometer großen, letzten echten Urwald Mitteleuropas ihre teils temporäre, teils dauerhafte Heimat.

Ob Graureiher, Rohrdommel, Blesshuhn oder Kormoran (Abbildungen rechte Seite unten im Uhrzeigersinn von oben links): Mit etwas Glück kann man in dem sich von Wiens Stadtgrenze bis ins Mündungsgebiet der March erstreckenden Nationalpark vielerlei scheue Tiere erspähen. Auf jeden Fall ergötzen kann man sich, sei es aus der Luft, vom Boot aus oder bei einer Wanderung, an dem sattgrünen Audickicht.

REGISTER

BILDNACHWEIS / IMPRESSUM

Abkürzungen:
A = Alamy, AA = Agentur Anzenberger, C = Corbis, G = Getty, L = Laif , M = Mauritius

Cover und S. 1 A1Pix/Your Photo Today, 2/3 G/De Agostini/DEA/Amantini, 4/5 L/Georg Knoll, 6/7 AA/Carlos de mello, 8/9 M/A, 10/11 C/Fridmar Damm, 12/13 C/Sodapix/Alfred Schauhuber, 14/15 AA/Toni Anzenberger, 16/17 L/Berthold Steinhilber, 17 o. M/allOver, 17 re. Visum/Standl, 18/19 Bildarchiv Monheim/Markus Hilbich, 19 li. G/De Agostini, 19 re. M/imagebroker/Reinhard Marscha, 20 M/A, 20/21 M/A, 21 li. M/Hiroshi Higuchi, 21 re. M/A, 22/23 L/Gerald Haenel, 23 o. li. M/imagebroker/Ernst Wrba, 23 o. re. Ernst Wrba/Wiesbaden, 23 re. L/Gerald Haenel, 24 L/Contrasto/Archivio GBB, 24/25 C/Aurora Photos/Steve Outram, 25 M/A, 26 L/Berthold Steinhilber, 26/27 L/Berthold Steinhilber, 27 o. li. blickwinkel/allOver, 27 o. re. A/vario images GmbH & Co. KG, 27 re. o. L/Berthold Steinhilber, 27 re. u. L/Berthold Steinhilber, 28/29 M/A, 29 li. Vario Images, 29 re. L/Georg Knoll, 30 o. M/A, 30 M. o. L/Pierre Adenis, 30 M. u. M/imagebroker/Karl F. Schöfmann, 30 u. L/hemis/Yann Doelan, 30/31 M/imagebroker/Karl F. Schöfmann, 31 M/imagebroker/Karl F. Schöfmann, 32/33 M/imagebroker/Christian Handl, 33 M/A, 34/35 C/Atlantide Phototravel, 35 o. li. L/Daniele Dainelli, 35 o. re. L/Daniele Dainelli, 35 re. Visum/Rainer Hackenberg, 36/37 C/Eye Ubiquitous/Bennett Dean, 37 M/imagebroker/Alfred Schauhuber, 38/39 L/Le Figaro Magazine/Martin, 39 o. li. L/Le Figaro Magazine/Martin, 39 o. re. A/vario images GmbH & Co. KG, 39 re. L/Le Figaro Magazine/Martin, 40/41 M/A, 41 o. li. L/HOAQUI/BODY, 41 o. re. L/hemis, 41 re. M. o. L/Philippe Body, 41 re. M. u. L/Philippe Body, 41 re. u. L/Pierre Adenis, 42 L/Gerald Haenel, 42/43 L/Berthold Steinhilber, 43 o. L/Gerald Haenel, 44/45 L/Peter Rigaud, 44/45 M/allOver, 45 o. li. C/Adam Woolfitt, 45 o. re. L/Hollandse Hoogte, 45 re. G/Hulton Archive/Imagno, 46/47 AA/Yadid Levy, 48/49 L/Georg Knoll, 49 Bilderbox, 50 L/Pierre Adenis, 50/51 M/imagebroker/Ernst Wrba, 51 li. L/Heuer, 51 re. L/Heuer, 52/53 M/imagebroker/Egon Bömsch, 53 Bilderbox, 54/55 C/Rudy Sulgan, 55 li. G/AFP/Dieter Nagl, 55 re. M/A, 56 L/Berthold Steinhilber, 56/57 L/Gerald Haenel, 57 o. li. L/Berthold Steinhilber, 57 o. re. L/Berthold Steinhilber, 57 re. o. L/Berthold Steinhilber, 57 re. M. o. L/hemis, 57 re. M. u. L/hemis/Rene Mattes, 57 re. u. L/hemis/Rene Mattes, 58/59 M/Rainer Mirau, 59 li. M/age, 59 re. L/Pierre Adenis, 60 L/In Pictures/Barry Lewis, 60/61 M/Hans-Peter Merten, 61 L/Gerald Haenel, 62/63 G/Photographer´s Choice/Guy Vanderelst, 63 G/Photographer´s Choice/Guy Vanderelst, 64/65 G/Photographer´s Choice/Gregos Schuster, 65 M/CuboImages, 66 L/Jean-Francois Deroubaix, 66/67 L/Jean-Francois Deroubaix, 67 o. li. Vario Images, 67 o. re. Vario Images, 67 re. L/hemis, 68 o. Vario Images, 68 M. o. Vario Images, 68 M. u. Vario Images, 68 u. Vario Images, 68/69 A/Hackenberg-Photo-Cologne, 69 li. L/Hain, 69 re. Vario Images, 70/71 C/Atlantide Phototravel, 71 o. li. Vario Images, 71 o. re. M/A, 71 re. C/Reuters/Dominic Ebenbichler, 72/73 L/Gerald Haenel, 73 o. G/AFP/Markus Leodolter, 73 re. A/Barry Lewis, 74/75 L/Hahn, 75 o. li. C/Massimo Listri, 75 o. re. G/The Image Bank/Sylvain Grandadam, 75 re. L/hemis/Rene Mattes, 76/77 M/imagebroker/Alfred Schauhuber, 77 li. G/Hulton Archive/Imagno, 77 re. L/Berthold Steinhilber, 78/79 M/André Pöhlmann, 79 M/imagebroker/Ernst Wrba, 80/81 Blickwinkel/J. Royan, 81 o. li. G/AFP/Samuel Kubani, 81 o. re. G/AFP/VG Bild u.Kunst/Bonn 2011, 81 re. o. M/imagebroker/Ernst Wrba, 81 re. M. o. M/imagebroker/Ernst Wrba, 81 re. M. u. M/Jan Halaska, 81 re. u. Blickwinkel/J. Royan, 82 o. G/AFP/Samuel Kubani, 82 u. G/AFP/Samuel Kubani, 82/83 M/imagebroker/Ernst Wrba, 83 li. M/imagebroker/Klaus-Peter Wolf, 83 re. M/A, 84/85 A/vario images GmbH & Co. KG, 85 o. li. A/vario images GmbH & Co. KG, 85 o. re. A/vario images GmbH & Co. KG, 85 re. A/vario images GmbH & Co. KG, 86 Bilderberg/Berthold Steinhilber, 86/87 L/Gerald Haenel, 87 M/imagebroker/Alfred Schauhuber, 88 L/hemis/Yann Doelan, 88/89 L/hemis/Yann Doelan, 89 o. li. L/hemis/Yann Doelan, 89 o. re. C/JAI/Steve Outram, 89 re. o. L/Elleringmann, 89 re. M. o. C/Reuters/X00450/Herwig Prammer, 89 re. M. u. L/Elleringmann, 89 re. u. L/Elleringmann, 90/91 M/age, 91 li. M/Rene Mattes, 91 re. L/hemis/Rene Mattes, 92/93 L/Tommaso Bonaventura, 93 o. li. C/Reuters/Leonhard Foeger, 93 M. 1. M/Image State, 93 M. 2. L/hemis, 93 M. 3. L/Michel Renaudeau, 93 M. 4. L/Biskup, 93 M. 5. L/Biskup, 93 re. L/Alain Benainous, 94 bridgemanart, 94/95 C/Harald A. Jahn, 95 o. L/Zinn, 95 re. bridgemanart, 96/97 M/allOver, 97 M/allOver, 98 M/Bryan Reinhart, 99-102 G/Panoramic Images, 103 o. li. C/Murat Taner, 103 o. re. C/Atlantide Phototravel, 103 u. M/imagebroker/Ernst Wrba, 104/105 Vario Images, 105 o. li. Vario Images, 105 o. re. Vario Images, 105 re. Vario Images, 106 M/Rene Mattes, 106/107 L/Rene Mattes, 107 o. li. G/Photographer´s Choice/Murat Taner, 107 re. o. M/Rene Mattes, 107 re. M. o. M/Rene Mattes, 107 re. M. u. L/Huber, 107 re. u. C/Atlantide Phototravel, 108/109 L/Berthold Steinhilber, 109 li. L/Berthold Steinhilber, 109 re. Vario Images, 110 o. L/Hahn, 110 u. L/Peter Rigaud, 110/111 M/Peter von Felbert, 111 li. G/The Image Bank/Walter Bibikow, 111 re. M/Jan Halaska, 112/113 M/imagebroker/Ernst Wrba, 113 M/Rainer Mirau, 114/115 M/Robert Harding World Imagery/Charles Bowman, 115 o. li. M/Hans-Peter Merten, 115 o. re. L/Berthold Steinhilber, 115 re. C/Reuters/X00450/Herwig Prammer, 116/117 Fan/Lubenow, 117 li. A/allOver photography, 117 re. A/Wilmar Photography, 118/119 M/allOver, 120/121 M/imagebroker/Alfred Schauhuber, 121 o. li. M/Till Beck, 121 o. re. M/Till Beck, 121 re. o. L/Le Figaro Magazine/Martin, 121 re. M. o. M/A, 121 re. M. u. C/Jon Hicks, 121 re. u. C/Jon Hicks, 122 C/Reuters/Herwig Prammer, 122/123 L/Zenit/David Baltzer, 123 li. L/Heeb, 123 re. Focus/Rigaud, 124/125 L/Berthold Steinhilber, 125 M/Rainer Mirau, 126/127 M/imagebroker/Alfred Schauhuber, 127 M/imagebroker/Alfred Schauhuber, 128/129 Okapia/Viennaslide/Harald A. Jahn, 129 o. li. M/Werner Dieterich, 129 o. re. M/imagebroker/Martin Siepmann, 129 re. o. Okapia/Viennaslide/Harald A. Jahn, 129 re. M. Okapia/Viennaslide/Harald A. Jahn, 129 re. u. Okapia/Viennaslide/Harald A. Jahn, 130 L/Berthold Steinhilber, 130/131 L/Gerald Haenel, 131 li. L/Berthold Steinhilber, 131 re. L/Gerald Haenel, 132/133 L/Georg Knoll, 133 L/Kristensen, 134/135 M/imagebroker/Ernst Wrba, 135 M/A, 136/137 Bilderberg, 137 li. C/Peter M. Wilson, 137 re. C/Godong/Pascal Deloche, 138/139 M/A, 139 teamwork/Strupp, 140/141 M/imagebroker/Ernst Wrba, 142 C/Reuters/Austria/Stringer, 142/143 C, 143 li. M/A, 143 re. L/Wojtek Buss, 144/145 Schapowalow/Huber, 145 C/Jean-Pierre Lescourret, 146/147 G/Hulton Archive/Imagno, 147 li. Visum/Gerd Ludwig, 147 re. Visum, 148/149 A/vario images GmbH & Co. KG, 149 M/A, 150/151 M/Rainer Mirau, 151 li. G/Hulton Archive/Imagno, 151 re. M/iconotec, 152 li. Bridgemanart, 152 re. G/bridgemanart, 152/153 Schapowalow/Sime, 153 o. C/Reuters/Austria/Stringer, 153 M. C/Gustavo Tomisch, 153 re. bridgemanart, 154/155 L/Michel Renaudeau, 155 o. C/Robert Harding World Imagery/Richard Nebesky, 155 M. L/Contrasto/Archivio GBB, 155 M. re. L/Contrasto/Archivio GBB, 155 u. li. L/Contrasto/Archivio GBB, 155 u. re. L/Contrasto/Archivio GBB, 156 Avenue Images/Index Stock/Walter Bibikow, 156/157 AA/Toni Anzenberger, 157 li. G/Hulton Archive/Imagno, 157 re. AA/Toni Anzenberger, 158 L/Clemens Zahn, 158/159 L/Clemens Zahn, 159 o. L/Kurt Henseler, 159 re. L/Clemens Zahn, 160/161 M/A, 161 li. M/A, 161 re. M/A, 162/163 G/Workbook Stock/Visions Of Our Land, 163 die Bildstelle/Picturedesk.com, 164/165 L/Berthold Steinhilber, 165 o. li. M/imagebroker/Ernst Wrba, 165 re. M/imagebroker/Alexander Pöschel, 165 re. L/Georg Knoll, 166 o. C/Reuters/Herwig Prammer, 166 u. L/Zahn, 166/167 L/Guenter Stand, 167 o. li. L/Huber, 167 o. re. M/A, 167 re. o. L/Contrasto/Carlos Jones, 167 re. u. L/Contrasto/Carlos Jones, 168/169 Bilderberg/Berthold Steinhilber, 170/171 Visum/Rainer Hackenberg, 171 o. Visum/Rainer Hackenberg, 171 re. o. C/Reuters/Herwig Prammer, 171 re. M. o. C/Reuters/Herwig Prammer, 171re. M. u. C/Reuters/Herwig Prammer, 171 re. u. C/Reuters/Herwig Prammer, 172 L/hemis, 173 o. L/hemis, 173 u. L/hemis, 174/175 M/imagebroker/Alfred Schauhuber, 175 li. M/allOver, 175 re. A/allOver photography, 176 L/Pierre Adenis, 176/177 L/Pierre Adenis, 177 li. L/Pierre Adenis, 177 re. L/Pierre Adenis, 178/179 L/Guenter Standl, 179 M/allOver, 180/181 L/Cathrine Stukhard, 181 li. L/Contrasto/Daniele Dainelli, 181 re. L/Maurice Rougemont, 182/183 L/Cathrine Stukhard, 183 li. L/Berthold Steinhilber, 183 re. L/hemis, 184/185 M/A, 185 li. Schapowalow/Atlantide, 185 re. M/imagebroker/Ernst Wrba, 186/187 C/Radius Images, 187 C/Reuters/Herwig Prammer, 188/189 C, 189 li. AA/Toni Anzenberger, 189 re. C, 190/191 M/imagebroker, 191 M, 192/193 L/Berthold Steinhilber, 193 li. G/Authenticated News, 193 re. C, 194/195 M/imagebroker/Ernst Wrba, 195 o. li. M/A, 195 o. re. M/imagebroker/Ernst Wrba, 195 re. M. o. M/imagebroker/Ernst Wrba, 195 re. M. u. M/imagebroker/Ernst Wrba, 195 re. u. M/imagebroker/Ernst Wrba, 196 L/Heeb, 196/197 L/Hahn, 197 li. M/imagebroker/Ernst Wrba, 197 re. G/Hulton Archive/Imagno, 198/199 Bildagentur Huber, 200/201 A/Wolf-Dieter Grabner, 201 li. L/Clemens Zahn, 201 re. M/allOver, 202/203 L/Le Figaro Magazine/Martin, 203 o. li. L/Le Figaro Magazine/Martin, 203 o. re. M/imagebroker/Christian Handl, 203 re. o. C/Index Stock/Walter Bibikow, 203 re. u. L/Le Figaro Magazine/Martin, 204/205 M/imagebroker/Kurt Kracher, 205 o. li. L/Hahn, 205 o. re. L/Heeb, 205 re. o. L/Kurt Henseler, 205 re. M. o. C/Jim Zuckerman, 205 re. M. u. L/Kurt Henseler, 205 re. u. L/Kurt Henseler, 206/207 M/allOver, 207 o. li. M/allOver, 207 o. re. M/allOver, 207 re. L/Kurt Henseler, 208 M/imagebroker/Alfred Schauhuber, 208/209 M/allOver, 209 M/imagebroker/Alfred Schauhuber, 210/211 M/allOver, 211 M/A, 212/213 M/allOver, 213 li. M/A, 213 re. M/A, 214/215 Bildagentur Huber/Radelt, 215 C/Murat Taner, 216/217 M/age, 217 o. Picture Press/Mischa Erben, 217 re. o. G/Hulton Archive/Imagno, 217 re. M. G/Hulton Archive/Imagno, 217 re. u. G/Hulton Archive/Imagno, 218/219 M/Rainer Mirau, 219 Premium/Schauhuber, 220 o. C/Reuters/Herwig Prammer, 220 u. C/Reuters/Leonhard Foeger, 220/221 M/imagebroker/Ernst Wrba, 221 o. M/Rainer Mirau, 221 re. o. C/Reuters/Leonhard Foeger, 221 re. u. C/Reuters/Leonhard Foeger, 222 M/A, 222/223 AA/Toni Anzenberger, 223 AA/Toni Anzenberger, 224 L/Hoa-Qui, 224/225 L/Emmanuel Valentin, 225 o. li. C/Godong/Pascal Deloche, 225 o. re. Visum/Rainer Hackenberg, 225 re. L/Emmanuel Valentin, 226/227 C/Godong/Pascal Deloche, 227 li. G/Hulton Archive/Imagno, 227 re. C/Godong/Pascal Deloche, 228 M/A, 229 M/A, 230/231 C/Harald Jahn, 231 o. AA/Toni Anzenberger, 231 re. o. G/AFP/Dieter Nagl, 231 re. u. G/AFP/Dieter Nagl, 232/233 L/Berthold Steinhilber, 233 o. li. C/amanaimages/pasmal, 233 re. M/imagebroker/Ernst Wrba, 233 re. C/Adam Woolfitt, 234/235 M/Werner Dieterich, 235 o. li. Schapowalow/Huber, 235 o. re. M/Jiri Hubatka, 235 o. u. L/Huber, 235 re. u. M/Rudolf Pigneter, 236 mediacolors/vsl, 236/237 mediacolors/vsl, 237 M/A, 238/239 L/Kurt Henseler, 240/241 L/Peter Rigaud, 241 o. C/Reuters/Herwig Prammer, 241 re. o. C/National Geographic Society/Volkmar Wentzel, 241 re. M. o. M/A, 241 re. M. u. lonely Planet Images/Richard Nebesky, 241 re. u. M/A, 242/243 L/Huber, 243 A/The Art Archive, 244/245 M/imagebroker/Stefan Kunz, 245 li. M/A, 245 re. L/Georg Knoll, 246/247 Arco/Dietrich, 247 A1PIX/Your Photo Today, 248/249 AA/Toni Anzenberger, 249 M/Rainer Mirau, 250/251 G/Robert Harding World Imagery/Jean Brooks, 251 o. li. A/allOver photography, 251 o. re. Bilderberg/artur, 251 re. o. AA/Toni Anzenberger, 251 re. M. AA/Toni Anzenberger, 251 re. u. A/allOver photography, 252/253 mediacolors/vsl, 253 li. o. C/Ed Kashi, 253 M. o. mediacolors/vsl, 253 M. M. F1Online/Christian Bauer, 253 M. u. Christian Bauer, 253 re. M. Christian Bauer, 253 re. u. Christian Bauer.

© 2011 Verlag Wolfgang Kunth GmbH & Co KG, München
Königinstr. 11
80539 München
Tel. +49.89.45 80 20-0
Fax +49.89.45 80 20-21
www.kunth-verlag.de

Printed in Slovakia

Text: Walter M. Weiss